PRATIQUE

LES ÉTUDES, LES EXPROPRIATIONS

ET LA

CONSTRUCTION D'UN CHEMIN DE FER

PAR

AD. CAMBIER

CHEF DE SECTION PRINCIPAL AUX CHEMINS DE FER DE L'ÉTAT

PARIS

E. BERNARD, LIBRAIRE-ÉDITEUR

3, RUE DE THORIGNY, 3

1879

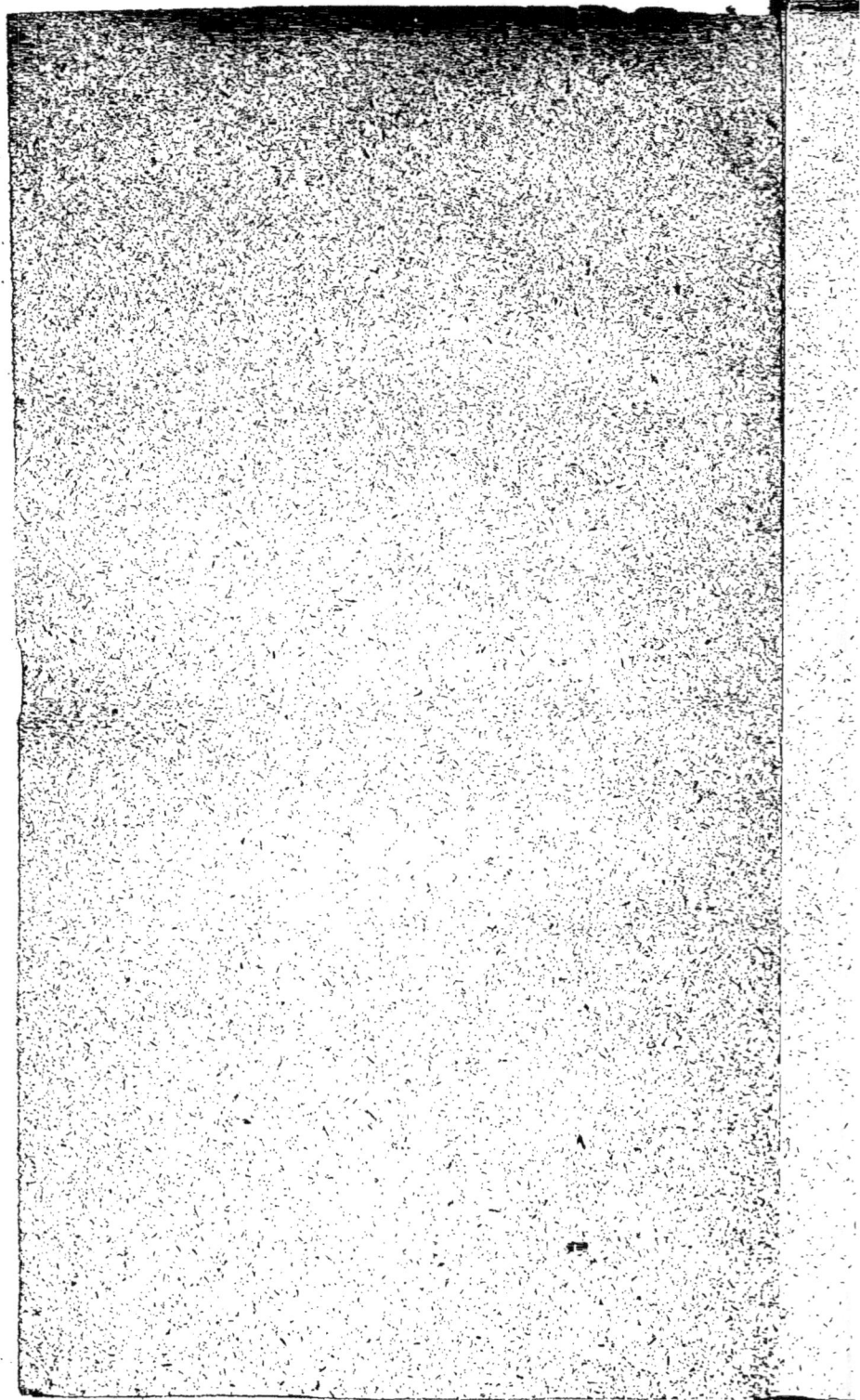

GUIDE PRATIQUE

SUR

LES ÉTUDES, LES EXPROPRIATIONS

ET

LA CONSTRUCTION D'UN CHEMIN DE FER

Clichy. — Impr. PAUL DUPONT, rue du Bac-d'Asnières, 12. (296.3.79)

C

GUIDE PRATIQUE

SUR

LES ÉTUDES, LES EXPROPRIATIONS

ET

LA CONSTRUCTION D'UN CHEMIN DE FER

PAR

AD. CAMBIER

PARIS

E. BERNARD, LIBRAIRE-ÉDITEUR

3, RUE THORIGNY, 3.

1879

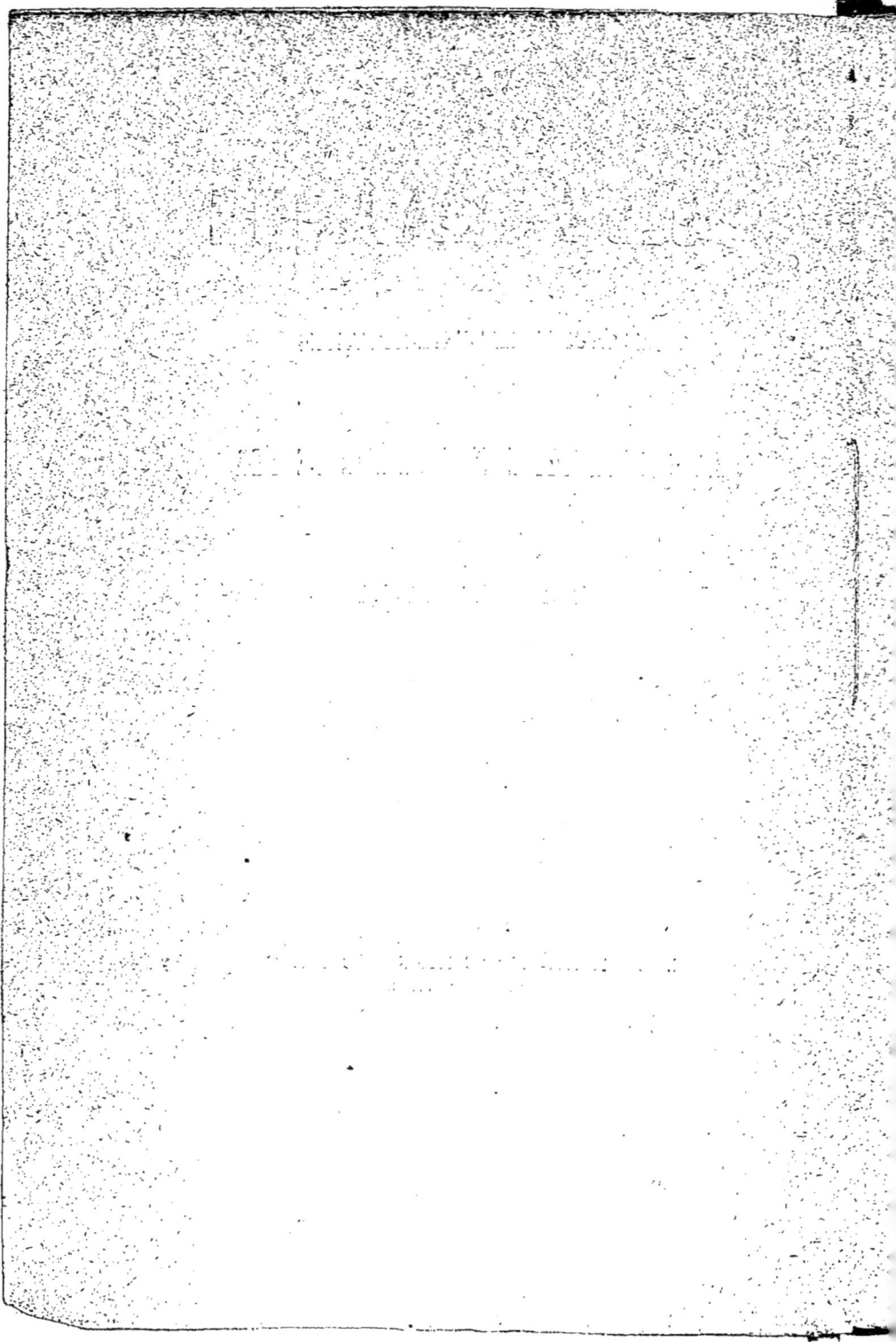

PRÉFACE

C'est vers la fin de 1872 que j'eus l'intention de faire paraître ce petit ouvrage; mais le peu de travaux en cours d'exécution me décidèrent à attendre une époque meilleure. Aujourd'hui que, pendant dix ou douze ans, on va travailler activement sur tous les points de la France, le moment me paraît venu de présenter au public travailleur un petit opuscule, qui, sans être indispensable, peut être très utile aux ingénieurs et chefs de section, pour suivre, pas à pas, les études du tracé et les formalités voulues par les expropriations, par lesquelles ils sont généralement entravés dans leur service; aux géomètres, entrepreneurs, conducteurs d'études et de travaux qui ont besoin d'avoir un guide sûr pour suppléer aux ordres qui peuvent quelquefois faire défaut; aux piqueurs et surveillants qui sont dans la nécessité d'apprendre et de se former; puis enfin, à tous ceux qui se destinent à la carrière des travaux publics et au service des ponts et chaussées, car ce guide s'applique aussi bien aux études, aux expropriations et aux travaux des routes nationales et autres, qu'aux études, expropriations et travaux de chemins de fer.

Fils d'ingénieur, et moi-même depuis vingt-six ans dans les travaux, ayant travaillé dans toutes les parties, c'est avec pleine connaissance de cause, que j'ai pu écrire cet ouvrage, duquel j'ai éliminé toute la partie scientifique ou doctorale pour ne faire qu'un livret présentant aux lecteurs, sous forme de causerie, tous les principaux renseignements dont ils peuvent avoir besoin.

Ces renseignements, qui ne sont applicables qu'aux travaux faits dans des conditions ordinaires, c'est-à-dire sans tunnels ni ponts immenses, sont présentés sous un petit volume; un ouvrage plus complet serait peut-être plus utile, surtout en ce qui concerne les expropriations, les bâtiments et le matériel fixe, mais je me propose de suppléer au manque d'informations que renferme cet essai en faisant un livre exprès pour chacune de ces parties. Toutefois, les documents fournis me paraissent très suffisants pour le petit cadre que je veux actuellement remplir.

Les instructions que j'avais préparées d'abord sur les études d'un chemin de fer étaient moins complètes et moins claires que celles inscrites dans cet aperçu ; ces dernières sont en grande partie extraites des instructions dressées par M. F. Delom, l'un de nos ingénieurs civils les plus distingués.

Tout le reste de l'ouvrage est sorti de mes notes, écrites le plus souvent au jour le jour, sur les chantiers ou dans les bureaux.

Enfin, si ce petit travail peut rendre quelques services, je me trouverai suffisamment récompensé de mes peines.

Ad. CAMBIER,

Chef de section principal aux chemins de fer de l'État.

Nogent-le-Rotrou, le 1er février, 1879.

PREMIÈRE PARTIE

INFRASTRUCTURE

1

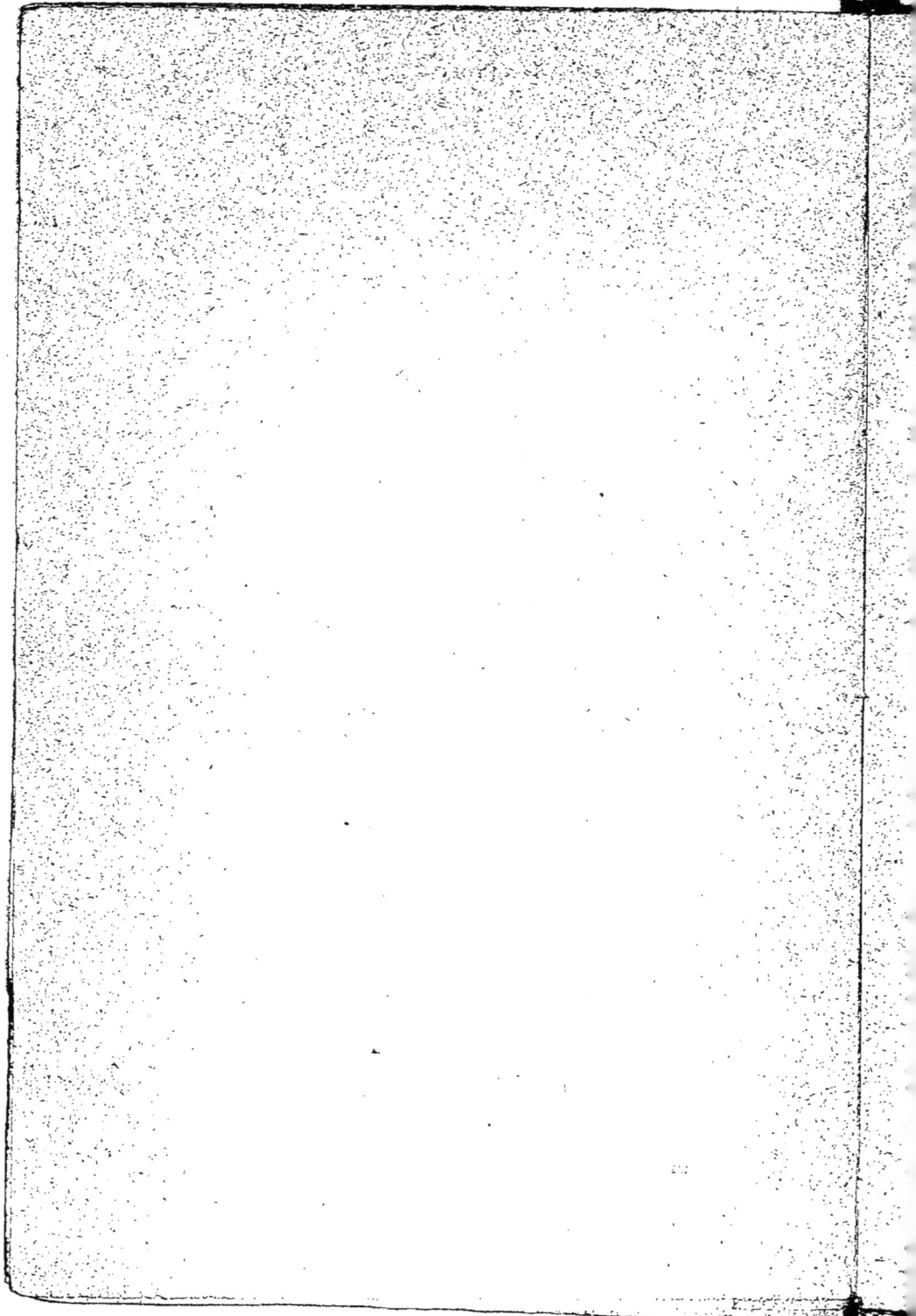

INFRASTRUCTURE

ÉTUDES

—

1° AVANT-PROJET

Reconnaissance du tracé. — L'étude d'un avant-projet devra être précédée d'une reconnaissance préalable sur le terrain, faite suivant une direction qui sera donnée, par l'ingénieur, sur la carte d'état-major, à laquelle il pourra être apporté des modifications de détail, mais qui ne pourra être changée notablement sans l'autorisation de l'ingénieur.

Détermination du tracé de reconnaissance. — Le premier soin de l'opérateur sera de se procurer un calque des plans d'assemblage du cadastre, comprenant la surface de terrain capable de contenir le tracé probable du chemin de fer ; l'opérateur parcourra cette surface en tous sens, notant les accidents de terrain, la nature du sol rencontré, les terrains inondés ou en marais, l'importance des ouvrages à établir pour franchir les cours d'eau et ravins, les points où les avalanches de neige et les éboulements sont les plus fréquents, etc., etc.

Le plus souvent, cette reconnaissance, si elle est faite avec soin, par un opérateur expérimenté, indiquera la partie de terrain sur laquelle il n'y aura pas lieu de porter ses études et suffira, dans les contrées faciles et peu accidentées, pour la détermination sur les plans de la direction générale à suivre.

Dans les terrains difficiles et montagneux, et notamment dans les parties où de longues et fortes rampes sont inévitables, cette reconnaissance sera complétée par des nivellements rapides, faits sans chaînage, sur les chemins, sentiers, cours d'eau, ravins, etc.; lesquels nivellements, reportés sur les plans, permettront de tracer approximativement la direction générale qu'il conviendra d'adopter et qui répondra au minimum des rampes.

Il est évident que ce tracé n'est pour ainsi dire qu'un tracé d'orientation, qu'il n'est point celui qui doit être appliqué sur le terrain; et c'est à la recherche de ce dernier que concourent les opérations d'études d'avant-projet qui font la suite de la présente explication.

Condition d'un bon tracé. — La détermination des alignements, courbes, pentes et rampes, sera faite sur le terrain; l'opérateur ne devra pas perdre de vue qu'un bon tracé doit satisfaire aux conditions suivantes :

1° Arriver au minimum de dépenses, pour les déblais, remblais et ouvrages d'art, et, pour cela, ne pas craindre d'épouser la forme du terrain au moyen de courbes successives, d'aussi grands rayons que cela pourra se faire, et de multiplier les pentes et rampes. Les grands alignements qu'il faut rechercher dans les pays de plaine, même en sacrifiant quelque peu à l'économie de la construction, conduiraient à de grandes dépenses dans les pays difficiles et montagneux.

2° Le rayon minimum des courbes à adopter sera au moins de 400 mètres dans les terrains faciles; dans les terrains difficiles, il ne devra pas descendre au-dessous de 300 mètres, quels que soient les sacrifices résultant de cette sujétion. Les rayons devront être exprimés en nombre rond de dizaine de mètres.

3° Entre une courbe et une contre-courbe, on

devra ménager un alignement d'au moins 100 mètres. Cet alignement pourra être réduit et même supprimé, lorsque les deux courbes auront le même sens.

4° Autant que possible, les souterrains seront établis en alignement droit.

5° Dans l'emplacement prévu pour les stations, on cherchera à ménager un alignement d'au moins 600 mètres; cet alignement pourra cependant être réduit et même supprimé, et remplacé par une courbe à grand rayon, lorsqu'il sera impossible de faire autrement.

Dans un grand nombre de cas, il pourra être avantageux de prévoir l'emplacement des stations un peu à cheval sur le chemin d'accès, pour raccourcir autant que possible la distance entre ledit chemin et les bâtiments de la station, en même temps que pour réduire la dépense.

6° Les pentes et rampes seront étudiées pour être réduites au minimum; en général, elles ne devront pas dépasser $0^m,010$ dans les terrains faciles, et $0^m,018$ dans les pays de montagne; elles pourront exceptionnellement, en cas d'absolue nécessité, être portées à $0^m,015$ dans le premier cas, et $0^m,019$ voire même $0^m,020$ dans le second.

7° Un palier d'au moins 200 mètres de longueur devra être ménagé entre une pente et une rampe.

8° Les paliers auront au moins 700 mètres de longueur pour les stations principales, 500 mètres pour les stations secondaires, et 350 mètres pour les haltes.

9° On cherchera à s'écarter des propriétés bâties, des propriétés de luxe ou d'industrie, des cimetières, etc., etc., dont les traversées pourraient donner lieu à des indemnités coûteuses ou à des formalités interminables.

10° On devra choisir de préférence, pour s'établir, des terrains ayant perpendiculairement au tracé des déclivités peu sensibles.

11° On cherchera à éviter les terrains rocheux et argileux, en réduisant autant que possible, surtout pour ces derniers, la profondeur des tranchées et la hauteur des remblais.

12° On évitera autant qu'on le pourra les traversées de route et de rivières, à cause des travaux d'art et des sujétions qu'elles exigent.

13° On ne laissera pas échapper l'occasion de remplacer les traversées de routes et de cours d'eau par des déviations ou dérivations latérales, en disposant le tracé de manière à les rendre faciles.

14° Les passages aux abords des moulins devront être tracés en aval des roues motrices et des déversoirs, et à la plus grande distance possible.

Opérations pour l'avant-projet. — Le

travail à faire par l'opérateur, une fois les directions arrêtées, consistera :

1° Dans les calques à prendre, dans les communes traversées et limitrophes, des plans du cadastre autant que possible à l'échelle de $\frac{1}{10,000}$. Ces plans, sur lesquels l'opérateur reportera au crayon rouge la direction générale qu'il aura choisie, seront envoyés au bureau de l'ingénieur pour être ramenés au besoin à l'échelle de $\frac{1}{5,000}$, et serviront à la composition du plan général, dont copie sera remise à l'opérateur.

2° Dans le tracé sur le terrain des alignements et la détermination des sommets d'angle.

3° Dans le levé du profil en long sur ces alignements, et de profils en travers sur 150 à 200 mètres de chaque côté de l'axe. Dans les terrains difficiles, cette distance pourra être réduite, pourvu que la différence entre la cote sur l'axe et chacune des cotes extrêmes du profil soient au moins de 20 mètres.

4° Dans le report sur le plan à l'échelle de $\frac{1}{10,000}$ remis par l'ingénieur, ou sur le plan à plus grande échelle, si cela est nécessaire, du résultat des différentes opérations.

Tracé des alignements. — Le tracé des alignements se fera au moyen de jalons bien droits, fendus à leur extrémité supérieure pour recevoir

un petit voyant en papier blanc formant saillie
égale de chaque côté. Ils seront plantés verticalement à l'aide du fil à plomb, et très exactement en
ligne, les voyants tournés perpendiculairement au
tracé.

On devra soigneusement éviter de couper des
arbres, de trancher des haies, murs de clôture, etc.,
enfin tout ce qui pourra détériorer les propriétés,
attendu que dans la plupart des cas le tracé définitif différera de celui de l'avant-projet.

Piquetage des alignements. — Pour re-
pérer chaque alignement sur le terrain, il suffira de
placer quelques piquets en chêne d'environ 0ᵐ,50
de longueur à 0ᵐ,08 à 0ᵐ,10 de diamètre à chaque
sommet d'angle et sur le bord des chemins, de manière à pouvoir les retrouver facilement lors du
tracé définitif.

L'écartement entre ces piquets sera tel qu'un
grand jalon placé au pied de l'un d'eux puisse être
aperçu à l'œil nu des piquets voisins.

Ces piquets de repère figureront sur les plans; ils
devront autant que possible être rattachés à des
bornes de routes, croisements de chemins, croix,
angles de maison, etc. Ils seront compris dans la
série des points à niveler, et, à ce titre, rattachés
aux points hectométriques dont il va être parlé.

Angle des alignements. — Les angles

formés par les alignements seront relevés directement à l'aide du graphomètre ou, à défaut de cet instrument, en formant un triangle rectangle aussi grand que possible, ayant un des alignements pour hypoténuse , le prolongement de l'autre alignement pour le premier côté de l'angle droit, et une perpendiculaire élevée sur l'un des alignements jusqu'à la rencontre de l'autre pour deuxième côté. On mesure très exactement les côtés du triangle ainsi formé, et, par un simple calcul trigonométrique, on trouvera l'angle cherché.

Ces diverses opérations devront être répétées au moins deux fois pour bien s'assurer du résultat trouvé.

Chaînage des alignements. — Chaque alignement aura son chaînage spécial; les jalons de sommet d'angle porteront, sur leur voyant, le mot sommet suivi des lettres A, B, C, etc., suivant qu'ils indiqueront le 1er, le 2e, le 3e sommet d'angle, etc., etc., à partir de l'origine de l'avant-projet.

Le chaînage des alignements de sommet en sommet d'angle sera fait avec le plus grand soin, les jalons de nivellement seront espacés de 100 mètres l'un de l'autre; leur numérotage sera indiqué clairement sur les voyants en papier, en appelant 1 le jalon planté à 100 mètres du sommet d'angle de départ,

2 le jalon planté à 200 mètres, et ainsi de suite jusqu'à l'extrémité de l'alignement.

Il sera placé des jalons intermédiaires entre les jalons hectométriques, partout où cela sera nécessaire ; ces jalons porteront sur leurs voyants en papier le numéro de l'hectomètre précédent, suivi des lettres *a*, *b*, *c*, etc., etc., suivant qu'ils seront le 1er, le 2e, le 3e, à partir de l'hectomètre considéré comme point de départ. Pour éviter que les niveleurs en long et en travers ne commettent des oublis, le dernier jalon intermédiaire portera une petite croix à la suite de la lettre.

Nivellement en long. — Les nivellements en long seront faits avec le niveau à bulle d'air ; si l'on se sert de la mire à coulisse, le niveleur prendra toutes les précautions en usage pour éviter les erreurs de lecture à la mire. A défaut de piquets, le porte-mire aura le soin de battre le sol avec le pied de la mire dans l'emplacement où elle devra être posée.

Observations générales. — Les carnets de profil en long devront donner dans la colonne *Renseignements divers*, la coupe cotée et détaillée suivant le tracé des routes, chemins, sentiers et cours d'eau rencontrés, rattachée aux jalons hectométriques voisins.

Les cours d'eau nécessiteront toujours les renseignements suivants, qu'on devra recueillir au moment du nivellement en long.

La cote de chaque rive. — Les cotes de fond du cours d'eau, celle d'étiage, celle des plus hautes eaux, enfin la section droite des ouvrages établis sur ces cours d'eau à proximité, et autant que possible en aval du tracé.

On repérera également le niveau des hautes eaux, toutes les fois que le tracé traversera des terrains submersibles.

Les carnets de profil en long donneront encore la cote et la position précise des repères choisis le long et à proximité du tracé ; le pied de la mire sera indiqué à la peinture sur le repère.

On calculera tous les soirs les ordonnées des points nivelés, en n'omettant aucune des vérifications exigées à la fin de chaque page ; les cotes et renseignements divers du carnet seront ensuite passés à l'encre avec le plus grand soin.

Nivellement en travers. — Les profils en travers pourront être établis avec le niveau d'eau ; ils seront toujours levés perpendiculairement aux alignements, en tournant le dos à l'origine de l'avant-projet ; il en sera fait ainsi à tous les sommets d'angles, à tous les hectomètres et points intermédiaires. Ils auront au moins 150 à 200 mètres de longueur de chaque côté de l'axe, et devront être suffisamment prolongés près des sommets d'angle pour contenir les courbes probables de raccordement entre les alignements.

Les distances seront chaînées en cumulant à partir de l'axe ; les nivellements seront rapportés à la cote de la mer, prise sur les carnets de profil en long.

Les profils en travers seront proprement dessinés à la main sur des cahiers spéciaux, ayant la dimension des carnets de profil en long ; ils donneront :

1° Sur une ligne horizontale tracée au-dessous de la ligne du terrain, les distances cumulées entre les points nivelés ;

2° Sur les ordonnées près du terrain, les cotes lues à la mire, et près de la ligne des distances, les cotes à la mer calculées.

Pour éviter toute erreur dans l'orientation de ces profils, on indiquera sur l'axe commun à ces profils, d'un côté le lieu de départ des opérations, de l'autre celui de l'arrivée.

Tous les soirs, les profils en travers et les cotes lues à la mire seront passés soigneusement à l'encre ; autant que possible les cotes seront calculées en même temps.

Des variantes. — Lorsqu'une variante sera reconnue nécessaire, il sera toujours facile de la rattacher au tracé primitif, en rétablissant les alignements de ce tracé de chaque côté de la variante, et en partant des cotes à la mer trouvées pour les repères ou les piquets les plus rapprochés.

Les points de raccordement de la variante avec le tracé primitif seront rattachés, à l'aide d'un chaînage, aux piquets du tracé primitif qui précèdent et qui suivent lesdits points de raccordement.

Dans le cas où la variante serait adoptée définitivement, il faudrait enlever sur le terrain les piquets et jalons de la partie du tracé primitif correspondante pour éviter toute erreur ou fausse direction.

Rapport des opérations sur les plans. — Aussitôt après avoir calculé les cotes des profils en long et en travers, l'opérateur devra rapporter aussi exactement que possible sur les plans à l'échelle de $\frac{1}{10,000}$ qui lui seront remis par l'ingénieur, le tracé des alignements, les angles au sommet, l'emplacement des stations, la position de tous les points nivelés, et les cotes de ces points, de manière à former une zone de plan coté de 300 à 400 mètres de largeur qui servira à l'étude du tracé définitif; on indiquera, comme il a été dit précédemment, la position de tous les piquets et alignements.

Les plans seront corrigés et complétés en biffant au crayon rouge les chemins supprimés ou mal indiqués, en y ajoutant les chemins et cours d'eau manquants prolongés jusqu'à la limite de la zone cotée, les noms des chemins et cours d'eau qui seront classés comme suit :

Route nationale n°   de   à

Route départementale n°   de   à

Chemin vicinal de grande communication, n° de   à

Chemin vicinal ordinaire classé de   à

Chemin rural de   à

Chemin d'exploitation de

Sentier.

Pour les routes nationales, départementales et chemins de grande communication, l'opérateur prendra les noms et numéros sur les poteaux de la route.

Pour les chemins vicinaux ordinaires, ruraux et d'exploitation, il pourra prendre aux mairies communication des tableaux de classement et s'adresser aux maires, agents voyers, etc., pour se procurer tous les renseignements qui lui permettront de définir d'une manière précise ces voies de communication.

On indiquera également dans la zone cotée, ou à la limite de cette zone, les maisons, cimetières, propriétés de luxe, usines, moulins qui pourraient intéresser l'étude du tracé définitif.

Insuffisance du plan au $\frac{1}{10,000}$ pour le rapport des cotes. — Dans les terrains faciles, où les points nivelés en long et en travers sont très espacés les uns des autres, le plan coté à l'échelle de $\frac{1}{10,000}$, s'il est bien soigné, paraît très suffisant. Il pourrait ne plus en être de même dans les terrains difficiles, où il est souvent indispensable de multiplier les cotes. Dans ce cas, il faudra dresser un plan des alignements à l'échelle de $\frac{1}{2,500}$ sur une bande de papier ayant 0,31 de hauteur.

Une ligne continue tracée en rouge au milieu de la bande représentera la série des alignements. Il sera construit, à chaque sommet d'angle, un soufflet ayant son sommet sur le bord inférieur ou supérieur de la feuille.

Ce plan sera dressé conformément au plan à l'échelle de $\frac{1}{10,000}$.

Pièces à produire. — Les pièces que l'opérateur devra transmettre à l'ingénieur comme résultat de ces études sont les suivantes :

1° Un plan coté à l'échelle de $\frac{1}{10,000}$ ou à l'échelle de $\frac{1}{2,500}$ dressé comme il a été dit ;

2° Le plan à l'échelle de $\frac{1}{10,000}$ (s'il ne peut servir de plan coté) tel qu'il a été remis par l'ingénieur, mais sur lequel seront indiqués au crayon rouge le tracé des alignements ;

3° Les carnets de profils en long ;

4º Les carnets de profils en travers.

Prescriptions générales. — Dans l'étendue d'un avant-projet, la ligne tracée sur le terrain n'ayant rien de définitif, il importe que le tracé de ces lignes n'entraîne que des dégâts sans importance. L'opérateur devra veiller avec le plus grand soin à ce détail, et bien surveiller le personnel de la brigade, toujours trop disposé à trancher dans le vif.

Quand des dégâts auront été commis, l'opérateur devra toujours, avant de quitter une commune, voir à régler (à l'amiable autant que possible) la quotité des indemnités dues et dresser un état collectif, accepté par les propriétaires intéressés, lequel sera transmis sans retard à l'ingénieur qui fera le nécessaire pour en opérer le payement.

Critique de la méthode. La méthode exposée ci-dessus est sans doute moins parfaite que celle qui consiste à baliser, à tracer les courbes, à piqueter (comme s'il s'agissait d'une étude définitive) un tracé d'avant-projet qui, le plus souvent, pour ne pas dire toujours, est complètement modifié dans les bureaux de l'ingénieur.

Mais cette méthode est rapide, économique et toujours suffisante. Les jalons hectométriques et intermédiaires peuvent disparaître, les piquets de sommet d'angle peuvent être arrachés par la char-

rue peu de temps après l'achèvement des opérations
sur le terrain, mais il reste toujours les piquets placés sur le bord des chemins, à l'aide desquels il est
toujours facile de rétablir les parties de l'alignement
de l'avant-projet nécessaire pour l'application du
tracé définitif.

**Usage à faire au bureau de l'ingénieur
des pièces produites**. — En étudiant le plan
coté, l'ingénieur pourra facilement se rendre compte
des pentes, rampes et paliers du projet définitif, et
déterminera dans la zone des cotes un premier
tracé des courbes et alignements qui lui paraîtront
répondre le mieux à ces pentes, rampes et paliers.

Un profil en long d'essai à l'échelle de $\frac{1}{5,000}$ pour
les longueurs et de $\frac{1}{500}$ pour les hauteurs rapidement
fait, à l'aide de ces plans cotés, et le profil en long
ainsi dressé, on peut faire l'étude définitive du projet comme il suit :

Conservant provisoirement les pentes, paliers
et rampes indiqués sur le profil en long, on calcule
la cote de la plate-forme au droit de chaque piquet
sur le profil en travers mené par ce piquet : on détermine ainsi le point situé à cette cote. En proje-
tant ces divers points sur la ligne de base des profils en travers, on obtient une ligne sinueuse représentant en plan la direction que devrait suivre le

chemin de fer pour que le déblai et le remblai fussent constamment nuls sur l'axe.

Cette ligne ainsi obtenue est la ligne du terrain à la pente du projet.

En se servant uniquement de la règle et des gabarits de courbe, on cherche à tracer sur le plan des alignements une ligne se rapprochant autant que possible de celle qui vient d'être définie, en s'imposant toutefois les conditions stipulées plus haut pour les rayons et les longueurs d'alignement entre les courbes consécutives orientées en sens inverse.

Les diverses modifications ainsi indiquées, on peut procéder à l'étude du tracé définitif.

2° PROJET DÉFINITIF

Pièces à produire. — Après avoir indiqué sur le plan à l'échelle de $\frac{1}{10,000}$ ou à l'échelle de $\frac{1}{2,500}$, suivant le cas, le tracé définitif et le rayon des courbes, l'ingénieur renverra à l'opérateur toutes les pièces par lui fournies, afin que celui-ci reporte le tracé sur le terrain et recueille tous les renseignements nécessaires pour l'étude du projet définitif. Ces renseignements seront compris dans les pièces suivantes :

1° Un plan du tracé définitif à l'échelle de $\frac{1}{2,500}$, ou $\frac{1}{5,000}$;

2° Les carnets de profils en long ;

3° Les carnets de profils en travers ;

4° Un état indicatif des routes et chemins traversés.

5° Un état indicatif des ouvrages destinés à l'écoulement des eaux;

6° Un rapport sur les recherches de sablières, de carrières et matériaux divers, pouvant être employés dans la construction des ouvrages d'art, bâtiments de station et à l'établissement de la voie.

**Établissement des alignements défini-
tifs.** — Rien ne sera plus facile, avec les documents
remis à l'opérateur, que de reporter sur le terrain
les alignements définitifs en les rattachant à ceux.
de l'avant-projet.

Le tracé définitif devra être établi très exactement avec de grands jalons ferrés peints en blanc
et en rouge, placés à l'aide d'une lunette oscillante
bien réglée.

La distance entre ces jalons sera aussi grande
que possible ; elle devra être telle, que d'un jalon
on puisse toujours voir bien exactement à l'œil nu
les jalons voisins.

L'opérateur pourra couper les haies, arbres,
clôtures sèches et autres obstacles qui s'oppose-
raient au passage de la ligne ; quant aux bâtiments
rencontrés, on se contentera de les franchir en
fixant sur le faîte de leur toiture un jalon avec dra-
peau pareil à celui adopté pour les balises.

Dans les traversées de bois, la ligne devra être
essartée au ras du sol sur une largeur de $1^m,50$ de
chaque côté de l'axe.

Dans les blés, orges, seigles et avoines presque
en maturité, il suffira d'incliner fortement les tiges
à droite et à gauche de l'axe, à l'aide d'un grand
jalon.

Les alignements étant tracés un peu au delà de

chaque sommet d'angle, on déterminera ces sommets à l'aide d'un grand jalon blanc et rouge, planté bien d'aplomb à la fois sur l'un et l'autre alignements.

Mesure des angles. — L'angle formé par deux alignements devra toujours être relevé directement à l'aide d'une lunette oscillante, portant alidade et vernier tournant sur un cercle bien divisé.

On s'assurera à l'aide d'un fil à plomb que l'axe de l'appareil coïncide bien avec le sommet. La lecture de l'angle au vernier sera faite à la loupe, de manière à déterminer aussi exactement que possible la valeur des secondes de l'angle.

L'opération sera répétée plusieurs fois, pour bien s'assurer des résultats trouvés.

Il est à peine utile de dire qu'il conviendra d'opérer en prenant pour repère les jalons d'alignements placés le plus loin possible de la lunette.

Balisage, piquets de tangence. — Après la mesure des angles, les jalons de sommet d'angle seront remplacés par des balises, et les jalons intermédiaires par des piquets dits de tangence ; si les alignements ont une grande longueur, il faudra remplacer quelques-uns de ces jalons par des balises intermédiaires placées à la plus grande distance possible les unes des autres, mais de manière à ce que de l'une de ces balises on puisse apercevoir bien distinctement à l'œil les balises voisines.

Les balises seront faites avec de jeunes sapins parfaitement droits et bien effilés ; elles seront peintes à l'huile à une couche, par zone blanche et rouge de 1 mètre de hauteur et surmontée d'une flamme en calicot de $0^m,40$ de hauteur sur $0^m,60$ de longueur, composée de deux bandes, l'une blanche et l'autre rouge, consues ensemble parallèlement à la longueur de la flamme.

La longueur des balises variera suivant la position qu'elles occuperont sur le terrain, mais elles ne devront jamais avoir moins de 5 mètres hors du sol.

Avant de faire le trou dans lequel sera scellée la balise, on repérera avec le plus grand soin, suivant deux directions perpendiculaires l'une à l'autre, à l'aide d'une jauge et de deux fiches plantées d'aplomb, la position du sommet d'angle.

On creusera ensuite le trou, qui n'aura pas moins de $0^m,50$ de diamètre et dont la profondeur variera avec la hauteur de la balise, sans jamais avoir moins de $0^m,60$.

La balise sera ensuite dressée dans le trou, ramenée avec la jauge dans l'axe du sommet d'angle et scellée parfaitement d'aplomb en tous sens avec les terres de la fouille qu'on pilonnera fortement par couches successives de petite épaisseur.

Lors de l'achèvement du tracé, les balises seront scellées dans un massif en maçonnerie grossière, ayant les mêmes dimensions que la fouille primitive.

A cet effet, on maintiendra la balise bien d'aplomb à l'aide de trois contre-fiches fixées dans le sol et clouées sur la balise; on fera ensuite la fouille sans jamais déterrer complètement le pied de la balise, enfin on exécutera le massif qui sera ensuite recouvert d'un cône en terre pilonnée.

Les contre-fiches pourront être enlevées, lorsque les maçonneries auront fait prise.

Les précautions indiquées ci-dessus pour la pose des balises de sommet d'angle devront être appliquées aux balises intermédiaires.

Les jalons intermédiaires seront remplacés par des piquets de tangence. Ces piquets seront en chêne; ils auront $0^m,50$ de longueur et $0^m,08$ à $0^m,10$ de diamètre; leur pointe sera taillée sur quatre faces bien symétriquement à l'axe du piquet.

L'axe des jalons intermédiaires sera repéré sur deux sens, comme pour les jalons de sommet d'angle; on enfoncera ensuite les piquets à la masse, en les ramenant au besoin dans un sens ou dans l'autre, à la demande de la jauge, pour que, l'opération terminée, le centre des piquets se trouve bien dans l'alignement.

Les piquets de tangence porteront les lettres

T, NC ou FC marquées avec de la peinture à l'huile.

Les précautions indiquées ci-dessus, pour la pose des balises et des piquets de tangence, sont absolument indispensables, si l'on tient à avoir un piquetage parfait.

Tracé des courbes. — En général, l'espacement entre les piquets de courbe sera de 10, 20 ou 30 mètres, suivant le rayon des courbes.

Les courbes pourront être tracées à l'aide des renseignements fournis par les tables; il paraît cependant plus régulier de faire un calcul spécial pour chaque courbe et d'en reporter le résultat sur le terrain.

Il n'est pas difficile, étant donné l'angle formé par deux alignements et le rayon de la courbe, et une fois la division de la courbe en un nombre pair de parties arrêtées, de déterminer pour chaque piquet de courbe l'abscisse à porter sur la tangente et l'ordonnée correspondante.

Les calculs faits et vérifiés, on déterminera les points de tangence de la courbe avec les alignements en chaînant sur ceux-ci à partir du sommet d'angle, la longueur trouvée pour les tangentes.

On déterminera ensuite, en cumulant les distances à partir des points de tangence, les abscisses correspondantes à chaque piquet de courbe; on élèvera à l'extrémité de chaque abscisse, à l'aide d'une équerre, une perpendiculaire sur laquelle on chaînera l'ordonnée trouvée par le calcul pour avoir la position du piquet, qui sera repérée par un jalon.

Pour que l'opération soit exacte, il est indispensable que le bâton d'équerre soit parfaitement dans l'alignement; qu'il soit bien d'aplomb en tous sens, que les imperfections de l'équerre soient corrigées de la manière suivante :

On placera un premier jalon d'ordonnée, suivant les indications de l'équerre, puis on fera faire un quart de tour à l'instrument sans toucher au bâton ; on placera un deuxième jalon près du premier, suivant la nouvelle direction indiquée ; enfin, un troisième jalon, placé à mi-distance entre les deux premiers, donnera avec le bâton de l'équerre la véritable direction de l'ordonnée.

Dans les bois, on pourra couper les branches qui gêneront pour prolonger les ordonnées jusqu'au piquet de courbe ; mais on évitera, en menant des parallèles à l'ordonnée, d'abattre les gros arbres et même les baliveaux.

Dans les blés, orges, seigles et avoines arrivés presque à maturité, on procédera comme pour le tracé d'alignements.

Les piquets de courbe seront plantés comme il a été dit pour les piquets de tangence. Les piquets indiquant les points de tangence des courbes avec les alignements, porteront sur leur tête et en haut les lettres TC ou NC (naissance de courbe) et FC (fin de courbe). On peut employer pour cela de la peinture, des petites plaques en tôle poinçonnées au chiffre voulu, ou un poinçon spécial qui fera des lettres de 0,012 millimètres de hauteur. L'expérience prouve que les piquets à encoche, marqués à la peinture, sont plus commodes, plus voyants et plus promptement posés que les piquets marqués à un autre système.

Les piquets de courbe intermédiaires porteront la lettre C.

Dans les bois le tracé des courbes devra être essarté comme il a été fait pour les alignements.

Dans les blés, orges, seigles et avoines presque à maturité, on procédera comme pour les alignements.

On pourra alors juger de l'exactitude des opérations, en s'assurant que la courbe tourne bien à l'œil et que l'écartement d'axe en axe des piquets est sensiblement le même sur tout son parcours.

Les piquets marqués T, TC, NC, FC, C serviront de préférence pour l'implantation des ouvrages d'art, et le rétablissement des piquets arrachés ou disparus. Il conviendra donc de les recommander aux soins des entrepreneurs et de les préserver autant que possible de tout accident.

Chaînage et piquetage des distances.

— Le chaînage et le piquetage des distances suivant les alignements et les courbes indiqués sur le terrain par les balises et les piquets T, TC, NC, FC, C seront faits avec le plus grand soin, en partant de l'origine de la section, avec des rubans en acier, bien étalonnés et souvent vérifiés.

Les piquets seront espacés de 100 mètres l'un de l'autre, en appelant 0 le piquet d'origine, 1 le piquet planté à 100 mètres de l'origine, 2 le piquet placé à 200 mètres; et ainsi de suite jusqu'à la fin de la section.

Entre ces piquets, qu'on peut appeler piquets hectométriques, il sera placé des piquets intermédiaires à chaque inflexion sérieuse du terrain; ces piquets porteront le numéro de l'hectomètre précédent, suivi des lettres A, B, C, etc., suivant qu'ils seront le 1er, le 2e, le 3e, etc., à partir de l'hectomètre considéré comme point de départ. Le dernier piquet intermédiaire pourrait porter une étoile à la suite de la lettre, pour que les niveleurs en long et en travers n'oublient pas de piquets.

Dans les alignements, la position de ces piquets sera déterminée par un jalonnage très soigné, fait à l'œil, à l'aide des balises et des piquets de tangence.

Dans les courbes, la position des piquets sera

déterminée en portant sur la corde qui reliera les centres des piquets de courbe précédant et suivant, l'abscisse trouvée par le calcul, et sur cette abscisse l'ordonnée correspondante.

Ces piquets hectométriques et intermédiaires auront absolument la même dimension que les autres ; ils seront plantés avec la même précision que les autres et en employant les mêmes moyens de marque.

Les piquets T, TC, NC, FC, C seront rattachés au chaînage général, et considérés comme des piquets intermédiaires ; ils devront, comme ceux-ci, porter au-dessous des lettres le numéro de l'hectomètre précédent, suivi des lettres A, B, C, suivant le cas.

Au fur et à mesure de l'achèvement du chaînage et du piquetage, il sera placé des petits jalons bien droits avec voyants en papier blanc, aux pieds de tous les piquets ; ces jalons seront plantés d'aplomb suivant l'axe.

Pour éviter toute erreur, le chaînage devra être fait deux fois, par deux opérateurs différents, qui compareront chaque soir les résultats obtenus : en cas de différence, ils retourneront ensemble sur le terrain pour s'entendre sur les corrections à faire.

Nivellement en long. — Les nivellements seront faits avec le niveau à bulle d'air ; si l'on se sert de la mire à coulisse, le niveleur prendra toutes les précautions en usage pour éviter les erreurs de lecture à la mire.

Tous les piquets seront nivelés ; le pied de la mire sera posé sur la tête du piquet ou sur l'encoche, et il sera donné deux coups sur chaque piquet.

Les nivellements en long devront être faits deux fois par deux opérateurs différents qui compareront chaque soir, après le calcul de leurs carnets, les cotes obtenues sur chaque piquet ; en cas de différence de plus de $0^m,004$, ils retourneront ensemble sur le terrain pour s'entendre sur les corrections à faire.

Observations diverses. — Les carnets de profil en long devront donner dans la colonne *Renseignements divers*, les coupes cotées et détaillées suivant le tracé, des routes, chemins, sentiers et cours d'eau rencontrés, rattachés aux piquets les plus voisins ;

La coupe des routes, chemins et cours d'eau perpendiculaire à leur axe.

Les cours d'eau nécessiteront toujours les renseignements suivants, qu'on devra recueillir au moment du nivellement en long :

La cote de chaque rive, la cote de fond du cours d'eau, celle de l'étiage, celle des plus hautes eaux connues, enfin la section droite des ouvrages éta-

.blis sur ces cours d'eau, à proximité et autant que possible en aval du tracé.

On repérera également le niveau des hautes eaux, toutes les fois que le tracé traversera des terrains submersibles.

Les carnets de profil en long donneront encore la cote et la position précise des repères choisis le long et à proximité du tracé.

On calculera tous les soirs les ordonnées des points nivelés, en n'omettant aucune des vérifications exigées à la fin de chaque page. Les cotes et indications du carnet seront ensuite passées à l'encre avec le plus grand soin.

Nivellement en travers. — Les profils en travers pourront être établis avec le niveau d'eau; ils seront toujours relevés perpendiculairement aux alignements et normalement aux courbes en tournant le dos à l'origine du tracé. Il en sera fait à tous les piquets ; ils seront levés sur une longueur de 40 mètres de chaque côté de l'axe, en indiquant la coupe des chemins et cours d'eau rencontrés. Les distances seront chaînées en cumulant à partir de l'axe.

Il sera donné deux coups de niveau sur l'axe, l'un sur le piquet, l'autre sur le terrain naturel au pied du piquet. Les nivellements seront rapportés à la cote à la mer prise sur les carnets de profil en long.

Les profils en travers seront dessinés proprement à la main sur des carnets spéciaux ayant la dimension des carnets de profil en long ; ils donneront :

1° Sur une ligne horizontale, le tracé au-dessous de la ligne du terrain, la distance cumulée des points à niveler ;

2° Sur les ordonnées, près de la ligne du terrain, les cotes lues à la mire ; près de la distance, les cotes à la mer calculées.

Pour éviter toute erreur dans l'orientation de ces profils, on indiquera sur l'axe commun à tous ces profils : d'un côté, le lieu du départ de l'opérateur ; de l'autre, celui de l'arrivée.

Tous les soirs, ces profils seront passés à l'encre ; autant que possible, les cotes à la mer seront calculées en même temps.

Les profils en travers dans l'emplacement des stations seront levés sur une longueur de 100 mètres de chaque côté de l'axe.

Nivellement et levé des chemins et cours d'eau. — Tous les chemins, sentiers et cours d'eau rencontrés, seront levés et nivelés en long sur une longueur de 150 mètres de chaque côté du tracé.

Rapport des opérations sur les plans. — Aussitôt après avoir terminé sur le terrain les opérations dont il vient d'être question, l'opérateur rapportera le tracé définitif sur un plan à l'échelle de $\frac{1}{2,500}$ ou $\frac{1}{5,000}$ ayant exactement 0^m,31 de hauteur.

Une ligne tracée en rouge au milieu de la feuille représentera la série des alignements. Il sera construit à chaque sommet d'angle un soufflet ayant son sommet sur le bord inférieur ou supérieur de la feuille suivant le sens des courbes.

On indiquera la longueur totale de chaque alignement de sommet en sommet d'angle, les angles au sommet en degrés, minutes et secondes, la longueur des tangentes, le développement et le rayon des courbes, tous les piquets du tracé, les routes, chemins et cours d'eau rencontrés et ceux qui seront susceptibles de modifications, les cotes des nivellements en long sur ces chemins et cours d'eau, enfin les noms des cours d'eau et ceux des routes et chemins qui seront classés comme suit :

Route nationale n°   de   à

Route départementale n°   de   à

Chemin de grande communication n°   de   à

Chemin vicinal ordinaire n°   de   à

Chemin rural de   à

Chemin d'exploitation.

Sentier.

Pour les routes nationales, départementales et

3

chemins de grande communication, l'opérateur prendra les noms et numéros sur les poteaux de la route.

Pour les chemins vicinaux ordinaires, ruraux et d'exploitation, il pourra prendre aux mairies communication des tableaux de classement, et s'adresser aux maires, agents voyers, gardes champêtres, etc., etc., pour se procurer tous les renseignements qui lui permettront de définir d'une manière précise ces voies de communication.

On indiquera également sur les plans, les maisons rencontrées par le tracé, les maisons, moulins, cimetières, etc., etc., situés à proximité du tracé et qui pourraient intéresser l'étude du projet définitif.

Routes, chemins et cours d'eau traversés. — Pour les routes et chemins de toute nature traversés par le tracé, l'opérateur dressera un tableau conformément au modèle ci-dessous, dans lequel il fera les propositions pour les voies à conserver, celles à dévier et celles à supprimer, après avoir pris dans chaque commune auprès des maires, agents voyers et personnes compétentes, des renseignements précis, de nature à l'éclairer sur les besoins de l'agriculture et de la circulation générale.

L'état indicatif des routes et chemins traversés

peut se faire en quatre colonnes dont la première indique le numéro du profil précédant le passage; la 2ᵉ la distance de l'axe du passage au profil précédent; la 3ᵉ la désignation des routes et chemins traversés; la 4ᵉ l'indication des routes et chemins à conserver, à dévier, à supprimer.

Pour les cours d'eau traversés, à écoulements constants ou accidentels, et pour l'écoulement des eaux pluviales, l'opérateur dressera un deuxième tableau dans la forme indiquée ci-dessous.

L'état indicatif des ouvrages à établir pour l'écoulement des eaux peut se faire également en 4 colonnes : la 1ʳᵉ indique le numéro du profil précédant l'ouvrage; la 2ᵉ la distance de l'axe de l'ouvrage au profil précédent; la 3ᵉ la désignation des cours d'eau traversés, et enfin, la 4ᵉ indique l'ouverture des ouvrages proposés.

L'opérateur devra, pour motiver ses propositions sur les débouchés à adopter, s'être bien rendu compte, soit par des observations personnelles, soit par des renseignements pris en lieu sûr, du volume des eaux à débiter au moment des crues, des orages ou de la fonte des neiges; s'il existe en amont ou en aval du chemin de fer des ponts sur les cours d'eau, il en indiquera les croquis sur les carnets de profil en long.

Nature et provenance des matériaux

pour la construction et le ballastage. —
Pendant le cours des études, l'opérateur devra
chercher si, dans les terrains traversés par la
ligne ou aux abords de cette ligne, il n'existe pas
de sablières propres aux constructions et au ballastage ; il s'informera de la provenance du sable,
de la chaux hydraulique, des pierres de taille,
moellons de toutes sortes, briques, bois de charpente de bonne qualité, etc., etc., qui sont en usage
dans le pays traversé.

Il visitera les lieux d'extraction et de fabrication,
se rendra compte de la qualité de ces différents
matériaux et recueillera avec soin, auprès des
conducteurs des ponts et chaussées, agents voyers
et autres gens de l'art, tous les renseignements
précis sur leur prix de revient rendus à pied
d'œuvre.

Il dressera alors un rapport indiquant pour des
longueurs déterminées du projet, les lieux où on
pourra prendre les matériaux pour l'exécution des
ouvrages, leurs distances moyennes à la ligne en
suivant les chemins praticables, le prix d'achat en
carrière, en forêt ou sur le lieu de production des
différents matériaux, les prix de taille, de parements
vus, etc., etc.

L'opérateur comprendra aisément l'importance
de ces documents qui devront ultérieurement ser-

vir à l'établissement des séries de prix, et par suite
à l'estimation des travaux.

Sondages. — Lorsque l'ingénieur aura arrêté
la ligne rouge du profil en long, il enverra à l'opérateur une note indiquant les piquets où il sera
nécessaire de faire des sondages et la profondeur
de chacun de ces sondages.

Celui-ci fera ouvrir des puits d'environ 1 mètre
de diamètre, les déblais seront rangés autour de
l'orifice du puits, de manière à former un bourrelet
continu sur lequel sera planté un clayonnage assez
solide pour empêcher tout accident.

Il est bon que ces travaux soient exécutés par
des tâcherons et non par des hommes à la journée.

Lorsque les puits seront terminés, l'opérateur
adressera à l'ingénieur une coupe de chacun d'eux ;
les différents terrains seront séparés par un trait
horizontal ; l'épaisseur des couches sera cotée
d'un côté de la coupe ; on indiquera de l'autre côté
la nature du terrain (dire si les déblais doivent
être faits à la pioche, à la pince ou à la mine)
et le prix de la fouille et charge pour chacun d'eux.

SERVICE DES GÉOMÈTRES SUR LES ACQUISITIONS DE TERRAINS ET LES EXPROPRIATIONS

Quand les enquêtes de *commodo* et *incommodo* ont été faites, et qu'alors un chemin de fer a été décrété, soit à la suite d'un avant-projet, soit sur simple cause d'utilité publique, MM. les ingénieurs peuvent, si leur personnel est trop restreint ou s'ils ne veulent pas mêler à leurs services les ennuis que donnent les expropriations, charger de ce soin un ou plusieurs géomètres spécialement habitués à ces sortes de travaux, travaux minutieux qui entraîneraient de grands désordres dans la marche du service, s'ils étaient confiés à des gens inhabiles ou à plusieurs géomètres vivant en désaccord.

Les choses ainsi arrêtées, il est bon de passer avec le géomètre auquel on confie la direction de ce service, un marché qui le lie en ce sens que MM. les ingénieurs se réservent le droit de faire faire en régie et aux frais de l'entrepreneur les travaux qui n'auraient pas été exécutés dans un délai fixé pour chaque travail dans le marché, et par une retenue d'un dixième sur le montant mensuel de la somme à lui payer.

Le service du géomètre doit commencer par le relevé du plan cadastral de chaque commune traversée; il se base pour cela sur le plan de l'avant-projet qui est ordinairement un plan au $\frac{1}{10,000}$ qui est le plan d'assemblage des communes; il fait alors le relevé des feuillles au $\frac{1}{2,500}$ en copiant de 1,000 à 1,500 mètres de chaque côté de l'axe de l'avant-projet. L'échelle pour ce plan est invariablement de $\frac{1}{2,500}$. Si les feuilles d'une commune étaient d'une autre échelle, il doit les réduire au moyen du pantographe; puis il raccorde une commune à la suite d'une autre et forme ainsi un grand plan d'assemblage au $\frac{1}{2,500}$ qui peut se faire par arrondissement, département ou section, au gré des ingénieurs. Ce plan doit servir de base aux études définitives et à calquer la partie sur laquelle le tracé-projet est posé, pour faire un plan qui est envoyé avec les autres pièces à l'approbation ministérielle.

Quand un tracé est bien arrêté sur le terrain, le géomètre doit en être immédiatement informé pour qu'il puisse faire le relevé exact du terrain traversé. On fait, d'habitude, le relevé de 100 mètres de chaque côté de l'axe; cependant ce n'est pas une obligation; le principal est que chaque parcelle atteinte par le chemin de fer doive être relevée en entier pour que, lorsque le moment d'acquérir sera venu, on puisse mieux juger de la partie qui est prise et de celle qui reste : ce qui est nécessaire pour l'application des indemnités. Ce plan qui s'appelle parcellaire est à l'échelle de 0^m,001 pou^r 1 mètre; il doit être fait sur papier grand aigle, collé sur toile, ce qui permet de le rouler et, par là, de le conserver bien plus longtemps, de pouvoir prendre toutes les copies dont on a besoin et de l'emporter sur le terrain sans craindre de le détériorer. Il indiquera, outre les parcelles atteintes, celles les plus voisines, les cours d'eau, les chemins, les numéros des parcelles selon le plan cadastral, les lieux dits et la section. Il est fait par commune, et il doit servir à faire le bornage, les arpentages, la copie à déposer aux enquêtes selon l'article 6 de la loi du 3 mai 1841 et les copies pour les autographies; ces plans doivent être levés dans les conditions suivantes :

Vérification de l'axe du tracé. — Les opérations sur le terrain pour le levé du plan du chemin de fer et ses dépendances seront faites suivant un axe tracé à l'avance par les soins des ingénieurs, au moyen de balises indiquant les sommets d'angles et les extrémités des tangentes, et des piquets hectométriques placés sur l'axe même des alignements et des courbes.

Le géomètre chargé de la confection des plans devra d'abord faire la vérification des alignements, des ouvertures d'angles entre les alignements adjacents et du chaînage.

Il rendra compte aussitôt à l'ingénieur du résultat de ses vérifications, et après que ces données premières auront été contradictoirement et invariablement fixées, le géomètre commencera le levé des plans.

Les chaînes employées seront d'ailleurs soigneusement étalonnées et devront être vérifiées chaque jour.

Levé des plans parcellaires. — Les plans parcellaires seront levés avec la plus grande précision. La position des balises et de tous les piquets hectométriques du tracé sera relevée et rattachée aux limites des parcelles coupées par l'axe de la ligne.

Les piquets du tracé seront désignés par leurs numéros.

Zone du levé des plans. — Le levé comprendra une largeur de 100 mètres de chaque côté de l'axe et devra s'étendre jusqu'à une distance de 150 mètres au moins, lorsque l'exigeront des points marquants, tels que routes, chemins, cours d'eau, limites de communes, usines, maisons isolées, etc., et lorsque les parcelles touchées par le chemin de fer ne seraient pas complètement fermées dans l'étendue de la zone de 100 mètres. Ces zones seront élargies au besoin sur la demande de l'ingénieur.

Échelles et indications. — Les plans seront rapportés à l'échelle de 0ᵐ,001 pour 1 mètre et devront exprimer :

1° Toutes les voies de communication ou d'exploitation traversées par le chemin de fer;

2° Les canaux, rivières et cours d'eau et les ravins ou fossés servant à l'écoulement des eaux;

3° L'axe du tracé, les piquets hectométriques qui le déterminent, les bornes kilométriques, les balises placées dans le prolongement des alignements droits et les angles produits par ces alignements;

4° Les habitations et bâtiments d'exploitation et toutes les limites de propriétés. Celles qui ne seraient pas apparentes sur le terrain, mais qui résulteraient d'actes de partage ou autres, seront déterminées par le géomètre, à l'aide des indications contenues dans ces actes, et seront figurées en lignes plus pâles;

5° Les limites des diverses natures de clôture ou de propriété et les divisions entre les fermiers d'un même propriétaire;

6° Les plantations d'arbres;

7° Les signes délimitatifs, tels que murs, haies, fossés, bornes, etc., avec indication de la mitoyenneté, lorsqu'elle existera, et des points par lesquels les propriétés sont accessibles pour l'exploitation, etc.; dans les terrains soumis à l'irrigation, l'entrée et la sortie des eaux.

Ces dernières indications seront figurées par des flèches à l'encre noire pour l'exploitation et pour la propriété des murs et fossés, à l'encre bleue pour l'irrigation.

Les flèches noires pour l'exploitation ⇢ seront dirigées dans le sens de la marche en entrant dans les propriétés et les flèches bleues ⇢ dans le sens du courant de l'eau.

La propriété des murs et fossés sera indiquée au moyen d'une flèche ⇢| du côté de la propriété dont ils dépendent, et dans le cas de mitoyenneté, au moyen de deux flèches placées de côté et d'autre ⇢|⇠. Les limites de cultures seront représentées par un trait interrompu - - - - - - -.

Ils indiqueront en outre les désignations de sections, les numéros du cadastre et la dénomination de tous les lieux dits, cantons, hameaux, fermes, maisons, etc.; les lieux dits en italique droite et les cantons, hameaux, fermes, etc., en italique penchée.

Format des plans. — Les plans parcellaires seront dressés par commune, et chaque commune sera rapportée sur une feuille unique de papier continu et fort, de premier choix, préalablement collé sur toile, de 0^m,66 de hauteur, uniforme, sans goussets. En conséquence, à chaque changement notable de direction de l'axe, on établira un onglet en blanc, déterminé par deux lignes formant un angle d'une amplitude convenable et disposé de manière qu'il soit possible, en rapprochant les côtés de l'angle, de reproduire à volonté l'état des lieux.

A cet effet, le papier sera brisé suivant deux plis que l'on reformera au besoin ; les deux brisures aboutiront au même point sur l'une des rives, de manière à diviser en deux parties égales l'angle mort où le dessin sera interrompu.

Au point de raccordement des feuilles des diverses communes, on tracera dans toute la largeur du papier une ligne noire dont la position sera parfaitement homologue sur les deux feuilles consécutives, pour en assurer l'exacte juxtaposition.

Sur ces plans minutes, sera écrit à la main aux extrémités de chaque feuille le titre voulu.

Dessin et lavis des plans. — Ces plans devront être la représentation exacte et complète du terrain et porter l'indication cotée de tous les renseignements recueillis dans les opérations, autant que possible, sans nuire à la clarté du plan.

Haie appartenant à un seul propriétaire. — Un trait plein indiquera la limite de quelque nature qu'elle soit ; les fossés seront teintés en bleu, les murs en encre de Chine pâle ; les haies seront dessinées très légèrement à l'encre verte foncée conformément au type adopté.

Haie mitoyenne. — Sera désignée par un trait plein, teinté d'un léger liseré vert de chaque côté.

Constructions. — Les constructions seront lavées et ombrées à l'encre de Chine pâle ; les maisons d'habitation recevront une teinte plus forte que les bâtiments d'exploitation, afin d'être facilement distinguées de ceux-ci.

Les plans ne recevront pas de teinte générale, qui pourrait altérer les dimensions du papier. Les teintes conventionnelles, s'il y a lieu d'en appliquer, ne seront portées qu'en liserés adoucis.

L'axe du chemin de fer et l'indication des tangentes prolongées jusqu'à leur point de rencontre, seront rapportés en rouge : l'axe par une ligne pleine, les tangentes par des traits discontinus.

Écritures. — Toutes les écritures seront comme le dessin à l'encre de Chine. Les lettres et les dénominations des sections, cantons ou lieux dits seront inscrites suivant des lignes parallèles à l'axe du chemin de fer et dans le sens du numérotage d'ordre des parcelles.

Les noms des communes seront inscrits suivant les lignes contournées d'après les inflexions des limites. Il en sera de même pour les voies de communication. Le sens de ces écritures sera de bas en haut jusqu'à une inclinaison de 30 degrés à gauche de la verticale.

Chaque parcelle portera le numéro du cadastre écrit à l'encre bleue et, à la suite, l'indication de la nature exprimée par la lettre initiale de la culture. Les noms, prénoms et domicile des propriétaires seront inscrits sur chaque parcelle ou groupe de parcelles appartenant au même individu; lorsque la division des parcelles sera trop grande pour permettre cette inscription directe, on la remplacera par un tableau écrit sur le plan, le plus possible au droit des parcelles. On indiquera, d'ailleurs, tous les autres renseignements qu'il pourra être utile de faire connaître.

Cadastre. — Pendant que le géomètre lève le parcellaire, un de ses employés doit relever sur les matrices cadastrales des mêmes communes tous les numéros qui se trouvent sur l'axe jusqu'à 200 mètres de chaque côté. Cette formalité est nécessaire, parce que la loi exige que l'expropriation se fasse sur les noms des propriétaires inscrits au cadastre, et au moyen d'un tableau spécial, on a, en outre, le nom des propriétaires, la contenance pour laquelle ils sont imposés, le revenu et le classement. Ces documents sont utilisés plus tard pour les estimations et servent à dresser des états que nous nommerons plus loin.

Bornage. — Le plan parcellaire étant terminé, le géomètre procédera au bornage de la ligne; les emprises lui ont été données par les conducteurs; il les applique sur le plan à chaque profil en ayant soin de les forcer de 0^m,50 à 1 mètre de chaque côté, puis on en fait l'application sur le terrain; les bornes doivent correspondre à chaque côté du plan et elles sont reliées entre elles par des rigoles, ce qui permet aux propriétaires de voir de suite le préjudice qu'on leur porte et la quantité de terrain qu'on leur prend. Cette opération terminée, le géomètre fait graphiquement sur le plan le calcul des surfaces expropriées; pendant ce temps, un agent du géomètre arpente chaque pièce sur le terrain : cela sert de vérification.

État indicatif parcellaire. — Une fois le calcul des surfaces terminé, le géomètre forme l'état parcellaire destiné à indiquer aux propriétaires la contenance qui leur reste à droite et à gauche de la voie; cette formalité est nécessaire surtout pour satisfaire à l'article 50 de la loi du 3 mai 1841.

Dossier d'enquête. — Cette formalité remplie, on forme un dossier d'enquête; ce dossier se compose de plusieurs pièces qui sont :

1° Une notice descriptive du tracé, dressée par l'ingénieur ;

2° Une copie du plan parcellaire, sur laquelle figurent les emprises du chemin de fer, les chemins que l'on supprime et ceux que l'on accorde, les cours d'eau et les travaux que l'on doit faire pour en assurer l'écoulement ;

3° Un tableau indiquant à chaque intéressé la contenance pour laquelle il est exproprié ;

4° Un registre destiné à recevoir les observations des parties ; ce registre doit être signé par le maire à l'ouverture des enquêtes et au dernier folio le jour de leur clôture ;

5° Un registre destiné à recevoir les déclarations d'élection de domicile, conformément à l'article 15 de la loi du 3 mai 1841 ;

6° Une lettre de l'ingénieur en chef qui adresse le tout à M. le préfet ;

7° Un arrêté du préfet désignant les communes traversées ;

8° Un placard de cet arrêté que l'on fait légaliser par le maire de la commune : cette pièce doit rester dans le dossier ;

9° Un avis placard annonçant l'ouverture et la fin des enquêtes, légalisé par le maire : cette pièce doit rester dans le dossier.

Des ampliations de ces deux placards doivent

être en outre affichés, tant à la principale porte
de l'église qu'à celle de la maison commune ;

10° Un arrêté de M. le préfet désignant les membres de la commission d'enquête.

Enquêtes. — Puis, quand ces pièces ont séjourné huit jours complets dans chaque commune,
la commission, sous la présidence du sous-préfet
ou du préfet, réunie au chef-lieu de l'arrondissement et pendant huit jours, écoute et discute
les réclamations qui se sont présentées ou qui
pourraient se présenter, puis le travail sera clos
par un procès-verbal de ladite commission.

Acquisitions de terrains. — Les formalités
d'enquête établies, on passe aux travaux qui concernent plus spécialement les expropriations: ce
sont les acquisitions. Pour cela il est besoin de
s'assurer le concours d'experts sérieux, surtout
consciencieux. Le géomètre a déjà des renseignements suffisants pour baser ses prix, car il a fait
primitivement relever au cadastre pour la construction du plan parcellaire les numéros des parcelles
traversées avec leur classement sur le cadastre, le
revenu annuel, etc., etc.; de plus, il a eu soin de
faire prendre au bureau de l'enregistrement de
chaque canton traversé le relevé des ventes qui
se sont faites dans le pays depuis cinq années.
Ces ventes, il est vrai, ne sont généralement pas

4

exactes, car les propriétaires, pour épargner les frais, ne déclarent ordinairement pas toute la véritable somme ; mais en l'augmentant d'un tiers on peut être sûr de toucher sur le prix réel ; de plus, les ventes faites par justice peuvent servir de base.

Expertises. — Ces données étant connues du géomètre de l'administration, il s'adjoindra un ou deux experts des pays traversés, autant que possible connus et jouissant d'une réputation de probité ; puis il fera avec eux une tournée sur chaque parcelle et jugera de concert s'il y a lieu de changer le classement posé au cadastre et faire un procès-verbal de ce nouveau classement auquel on joindra en regard dans la colonne des observations le prix du terrain estimé par are.

État estimatif. — Avec ces renseignements on composera l'état estimatif. Cet état doit comprendre toutes les indemnités à offrir à chaque propriétaire avec une réserve cependant ; si les intéressés avaient l'habitude ou la bonne volonté d'accepter, purement et simplement, les offres qui leur seraient faites, on pourrait dresser l'état estimatif définitivement et sans qu'il soit besoin de se rien réserver ; mais comme il n'en n'est pas ainsi et que presque toujours ils marchandent, que les uns même s'abusant sur la valeur réelle ou d'affection qu'ils donnent à leurs propriétés, repoussent d'avance les offres qui leur sont faites; il faut que cet état soit uniformément dressé avec une diminution de 40 0/0 sur tous les prix, ce qui donne la possibilité de revenir plus tard sur un marché manqué dès l'abord.

Dépréciations. — Le géomètre de l'administration doit être bien au courant du travail pour dresser cet état, car outre la valeur vénale du terrain, il doit faire entrer en ligne de compte certaines sommes (quelquefois très fortes) pour dépréciation de la parcelle traversée.

Indemnités de dépréciation. — On distingue 4 cas de dépréciation :

Le 1er où une parcelle régulière étant simplement traversée par un des côtés laisse un excédant bien supérieur à l'emprise du chemin de fer, mais n'ayant pas une forme régulière (10 0/0).

Le 2e où la parcelle étant traversée par l'un des côtés laisse un excédant inférieur à l'emprise, mais supérieur au quart de la propriété et à 10 ares (20 0/0).

Le 3e où la parcelle étant traversée par le milieu laisse un excédant de chaque côté de la voie (30 0/0).

Et le 4e où la parcelle étant traversée également par le milieu laisse un excédant de chaque côté, mais dont l'un sera devenu coûteux et difficile à exploiter par suite d'un prolongement de parcours (40 0/0).

Dans le 3ᵉ cas on peut aussi comprendre celui où le chemin de fer laisserait un excédant seulement, mais qu'il faudrait aller exploiter avec allongement de parcours.

Jugement d'expropriation. — Dossier du procureur de la République. — Les enquêtes terminées et pendant que l'on fait les offres amiables, on doit faire des diligences pour faire prendre jugement d'expropriation. Pour cela, M. l'ingénieur en chef adressera à M. le préfet une lettre à l'effet d'obtenir l'arrêté de cessibilité; à cette lettre sera jointe une grosse en double expédition des états indicatifs en tête desquels on aura mis l'arrêté du préfet déterminant les propriétés qui doivent être cédées pour l'exécution du chemin de fer. Alors on adresse une requête à M. le procureur de la République avec tous les dossiers d'enquête. Si les enquêtes avaient amené du changement dans le tracé, un imprimé spécial en aurait prévenu les intéressés, et des enquêtes supplémentaires dans les mêmes conditions que les précédentes auraient lieu avant de présenter les pièces au procureur de la République, et cette pièce serait jointe au dossier d'enquête qui doit aussi renfermer un journal légalisé de l'arrondissement ou du chef-lieu dans lequel aura été inséré l'avis des maires annonçant l'ouverture des enquêtes et l'arrêté désignant les communes traversées ; un deuxième journal légalisé indiquant les enquêtes supplémentaires, s'il y a lieu.

Transcription du jugement d'expropriation. — Aussitôt le jugement rendu, on doit déposer la grosse du jugement, qui se compose du dispositif et des états indicatifs, au bureau du conservateur des hypothèques, pour en faire la transcription.

Acquisitions amiables. — Pendant que le jugement d'expropriation se rend, on continue les acquisitions amiables par des contrats provisoires, qui doivent être soumis à l'approbation de l'ingénieur en chef et de l'ingénieur ordinaire.

Puis ces contrats sont convertis en actes définitifs. Généralement, quand l'État fait faire ces travaux, les maires des communes traversées sont chargés de remplir les fonctions de notaire, ils y sont tenus par un arrêté spécial du préfet.

Actes d'achat. — Le géomètre doit avoir des agents capables qui aient été notaires, premiers clercs longtemps ou agents d'affaires, ayant une longue expérience des affaires. Ces agents composent l'acte et le maire, ayant le titre de notaire, le signe et y met le sceau de la mairie. Cette pièce est alors envoyée à l'approbation préfectorale, puis enregistrée. Ceci ne souffre pas de retard, si dans l'acte il n'entre pas comme propriétaires des mineurs, des incapables, etc., etc.; alors il faudrait les faire autoriser.

Cessation amiable. — Si la ligne à construire était de peu d'importance et que tous les propriétaires sans exceptions ni réclamations consentaient à traiter à l'amiable, un imprimé spécial servirait à passer avec eux les actes définitifs. Cette pièce diffère des autres en ce sens qu'il n'est pas fait mention du jugement qu'il n'est plus nécessaire de prendre, si tous les propriétaires cédaient amiablement. L'approbation préfectorale aux actes suffirait.

Publication du jugement d'expropriation. — Le jugement d'expropriation est rendu et la grosse du jugement est restée huit jours au bureau des hypothèques ; inscription est prise ; il faut alors que ce jugement, ainsi que les tableaux désignant les propriétés traversées par le chemin de fer, soient reproduits dans le journal de l'arrondissement, s'il y en a, et du chef-lieu du département dans le cas contraire ; copie légalisée de ce journal sera jointe au dossier d'enquête. Le jugement sera alors publié dans chaque commune et affiché à la porte de la mairie et à celle de l'église ; un certificat administratif sera délivré par le maire, et cette pièce sera jointe au dossier.

Notification du jugement d'expropriation. — Le jugement sera notifié à chaque intéressé et en cas d'absence à son représentant considéré comme gardien et régisseur de l'immeuble exproprié et par copie séparée au maire de la commune. Le garde champêtre assermenté, délégué à cet effet, remplira pour l'État le rôle d'huissier.

Offres légales. — Pendant que cette formalité se remplit, on dresse un tableau (basé sur l'état estimatif) des sommes à offrir aux propriétaires pour toutes indemnités; on en compose une grosse en tête de laquelle on met l'arrêté du préfet. Cet arrêté pris, on agit pour les offres légales comme pour le jugement : insertion dans le journal dont on prend copie légalisée pour le dossier, publication et affiches dans la commune, certificat administratif et notification par le garde champêtre à chaque intéressé, faite en conformité de l'article 23 de la loi du 3 mai 1841. Ce tableau indique au propriétaire, outre la somme qui lui est offerte, d'avoir, en cas de non-acceptation de ladite somme, à se conformer aux articles 17 et 18 de la loi. Dans le cas où ils ne s'y conformeraient pas (ce qui arrive très souvent), les frais d'expropriation restent à leur charge.

C'est donc un point assez sérieux et auquel le géomètre doit prêter attention.

Payement des immeubles achetés à l'amiable. Réquisition d'état. — Pour les personnes qui ont traité amiablement et qui ont passé l'acte définitif, il faut procéder au payement. Pour tous ceux qui auraient vendu pour une somme inférieure à 500 francs, la loi permet de les solder de suite : un certificat du maire suffit pour faire faire les certificats de payement. Mais pour les sommes supérieures à ce chiffre, l'administration ne peut opérer le solde qu'après s'être assurée que l'immeuble n'est grevé d'aucune hypothèque. A cet effet, réquisition d'état est adressée aux conservateurs qui y répondent par des certificats négatifs ou des états d'inscription, selon qu'il y a ou non hypothèque. Dans le cas où il y en aurait, la somme est consignée, et le propriétaire ne peut la toucher qu'après avoir présenté autant de radiations qu'il a d'inscriptions.

Certificat de notoriété. — Quelquefois les actes portent des noms qui pour l'oreille ont bien le même son, mais dont l'orthographe n'est souvent pas conforme à celle de la signature ; ou dans les communes, plusieurs individus peuvent s'appeler du même nom et avoir des terrains traversés par le chemin de fer : l'orthographe du nom seul varie. Pour obvier aux erreurs auxquelles on pourrait être sujet, on se sert d'un certificat de notoriété délivré par le maire.

Achat d'excédants d'une valeur supérieure à 500 francs. — Il arrive souvent lors des acquisitions, que l'on est obligé d'acheter des excédants de terrains non nécessaires à la construction du chemin de fer, soit d'après l'article 50 de la loi qui oblige d'en faire l'acquisition, si la partie délaissée est inférieure au quart de la propriété ou à 10 ares, soit que l'indemnité de la dépréciation à accorder serait supérieure à l'achat du terrain ; alors ces excédants coûtent ordinairement plus de 500 francs. Dans ce cas on doit agir comme si on faisait un nouveau travail et on doit faire une publication prescrite par les articles 15 et 19 de la loi. Cette publication se fait au moyen d'un imprimé spécial qui reste affiché huit jours dans la commune. Puis la vente qui dans ce cas-là est presque toujours amiable, doit être changée en vente définitive par contrat sur l'imprimé déjà cité. La pièce indiquée ci-dessus sera insérée dans le journal du département ou de l'arrondissement, dont on conservera un numéro légalisé, et certificat de publication sera délivré par le maire ; puis on en fera la transcription aux hypothèques et l'acte définitif sera enregistré après approbation préfectorale.

Réquisition d'état sera adressée au conservateur des hypothèques et le payement s'en fera de suite, s'il n'y a pas d'inscriptions et des mineurs, car dans ce dernier cas il faudrait les faire autoriser.

Si les sommes à payer pour les excédants sont inférieures à 500 francs, un certificat du maire est suffisant et aucune de ces formalités n'est à remplir.

Jugement d'expropriation. — Quand jugement d'expropriation a été rendu et que les propriétaires n'ont pas tous traité à l'amiable, il faut avoir soin de ne pas laisser passer l'année sans avoir convoqué et réuni le jury. Cette omission obligerait l'administration à prendre un nouveau jugement, et les propriétaires peuvent même créer des embarras et réclamer du tribunal qu'il soit statué sur l'expropriation (article 14 de la loi), lorsque l'année du jugement est expirée.

Citations et sommations. — Le jugement dans ses conclusions a nommé un magistrat directeur du jury, et le tribunal, après requête du procureur de la République, choisit dans les jurés nommés par le conseil général les personnes qui doivent composer le jury. Notification des jurés, citation devant le jury est faite aux intéressés au moyen d'un imprimé spécial et sommation de se présenter est faite aux jurés. Ces citations et sommations peuvent se faire par huissiers ou autres employés de l'État assermentés.

Dossier des jurés. — Avant de convoquer le jury, le géomètre aura eu soin de préparer toutes les pièces nécessaires ; elles sont nombreuses et se composent ordinairement :

1° Des plans autographiés sur lesquels on aura indiqué par une teinte spéciale le terrain pris par le chemin de fer et les noms des propriétaires, les parcelles acquises à l'amiable, la contenance achetée et le prix pour lequel elle a été cédée, en ayant soin de détailler le prix de l'are, valeur vénale, et les indemnités de dépréciation, transactions et autres qui auraient été accordées (chaque juré aura copie dudit plan).

2° Un cahier sur lequel on indiquera, parcelle par parcelle, l'indemnité qui est offerte, la cause de cette offre, l'estimation des experts, la nature de la dépréciation, en un mot, toutes les explications de nature à éclairer les jurés (chaque juré aura copie dudit cahier).

Et 3° un plan général à l'échelle de $\frac{1}{2,500}$ sur lequel on aura teinté les parcelles qui se sont vendues depuis cinq ans aux environs du chemin de fer, soit à l'amiable, soit par voie judiciaire. Chaque parcelle indiquera sa nature, sa contenance, la date de sa vente et le prix pour lequel elle a été vendue. Cette pièce est nécessaire entre les mains des jurés pour leur démontrer la valeur des terrains dans la contrée traversée.

Huit jours après les sommations le jury se réunit, et les causes sont appelées et jugées en la forme ordinaire : procès-verbal des opérations est dressé.

Payement des immeubles expropriés. — Les opérations du jury terminées, on procède au payement des sommes alloués en la manière ordinaire et en cas de refus d'acceptation du propriétaire, on en consigne le montant et on prend possession du terrain, ce que l'on ne pouvait faire avant, à moins : 1° de vente amiable ; 2° de prise de possession, accordée par le propriétaire sous promesse à lui faite, de lui faire toucher l'intérêt à 5 0/0 de la somme qui lui sera accordée par le jury, et 3° d'arrêtés préfectoraux qui ne peuvent autoriser qu'à l'occupation temporaire du terrain, et, dans ce cas, il faut avoir grand soin de n'établir que des travaux provisoires, des fouilles et des dépôts.

Terrier et mutations. — Ici se termine le travail sommairement indiqué ci-dessus, et il ne reste plus à faire au géomètre, après que le jury a statué, que la rédaction du terrier, le plan et l'état des mutations à envoyer aux contrôleurs des contributions directes pour faire dégrever d'impositions les propriétaires expropriés.

Enquête des stations. — L'enquête pour l'emplacement des stations doit toujours précéder l'enquête parcellaire : cela se comprend, car la grande quantité de terrains qu'il faut exproprier ne peut être indiquée sur les plans que lorsque l'emplacement de la station est connu.

On obtient les enquêtes des stations par un simple arrêté préfectoral convoquant pour tel jour les maires des communes traversées et avoisinant le tracé, les conseillers d'arrondissement et généraux, l'ingénieur en chef de la compagnie ou de l'État.

Préalablement, le dossier a été déposé pendant huit jours dans les communes où il y a lieu d'établir des stations. Ce dossier se compose d'un plan au $\frac{1}{5,000}$ assez étendu, et d'une notice descriptive faisant ressortir les avantages qui résultent pour les populations circonvoisines de l'emplacement de la station à tel point et de l'impossibilité (s'il y a lieu) de pouvoir l'établir ailleurs.

Le procès-verbal d'enquête est dressé pour les stations comme on le fait pour les enquêtes parcellaires.

TRAVAUX

TERRASSEMENTS

Observations générales. — Les études sont terminées et on est en possession du terrain, soit que les propriétaires aient consenti à la prise de possession préalable, soit qu'ils aient traité à l'amiable ou qu'ils se soient laissé exproprier.

Rien ne s'oppose donc à l'exécution des travaux qui se divisent en 5 parties, ainsi qu'il suit :

Les terrassements ;
Les travaux d'art ;
Les bâtiments ;
La pose de voie et le ballastage ;
Le matériel fixe.

Les deux premières parties composent l'infrastructure de la ligne, et les trois autres, la superstructure. Nous allons suivre cet ordre dans la continuation de notre travail.

1° Terrassements.

Nature des terrassements. — Les terrassements se divisent en trois catégories : les bons, les passables et les mauvais.

Les bons comprennent les terres végétales, les terres sablonneuses, les sables, les graviers, les marnes, les terres calcaires, et toutes les terres de cette nature, pour lesquelles un piocheur peut fournir deux chargeurs. La fouille et la charge de la terre valent de 40 à 50 centimes le mètre cube, selon le prix de journée d'un ouvrier terrassier du pays où doivent avoir lieu les terrassements.

Les passables comprennent les argiles, les glaises, les tourbes, les craies et toutes les terres pour lesquelles il faut autant de piocheurs que de chargeurs. La fouille et la charge de ces terres valent de 50 à 60 centimes le mètre cube.

Les mauvais sont l'une ou l'autre des terres citées ci-dessus faisant revêtement d'une petite épaisseur sur un fond de pierres ou de rocs, les terres fortement mélangées de pierres pour lesquelles il n'est pas besoin d'employer la mine pour les emporter, les tufs ou les calcaires friables, les graviers agglomérés au point de ressembler à du béton, etc., pour lesquels il faut jusqu'à deux piocheurs pour fournir un chargeur. La fouille et la charge de ces terrassements valent, selon le cas et le pays, de 70 centimes à 1 franc le mètre cube.

Il ne reste plus après ces trois natures de déblais que les pierres et les rochers qui se paient depuis 1 franc jusqu'à 4 francs le mètre cube de fouilles et charge, selon que la pierre s'extrait plus ou moins facilement au pic, à la pince ou à la mine.

Mode de terrassements. — Les terrassements se font à la brouette, au camion, au wagonnet, au tombereau et au wagon ; au besoin à l'excavateur et au perforateur.

Les terrassements à la brouette se font généralement pour les attaques de tranchées et là où il n'y a que de petits transports, car passé 60 mètres, ce mode de transport devient insuffisant ; il faut employer le camion ou le wagonnet. Le wagonnet en tôle cubant $0^{m3},60$, de la maison Decauville, rend de grands services dans les terrains glaiseux et peut s'employer utilement pour les petites tranchées dont la hauteur ne dépasse pas 1 mètre. Le camion roulant sur la plate-forme des terrassements ou sur des rails posés à plat pour des terrains glaiseux peut être employé utilement jusqu'à 200 mètres. Il faut employer le tombereau jusqu'à 400 et même 500 mètres ; mais passé cette distance, le wagon devient de toute nécessité. Un entrepre-

neur pourvu d'un bon matériel, commence même
ses terrassements au wagon aussitôt qu'il a pu
préparer, en se servant de brouettes, assez de
parcours à l'entrée de la tranchée pour y poser
50 mètres de voie de travaux. Les terrassements
faits au wagon sont toujours plus avantageux et
rapportent plus de bénéfices à l'entrepreneur que
ceux faits par tout autre moyen de transport.

L'excavateur ne s'emploie encore que dans les
grands travaux sablonneux, les dunes par exemple.

Le perforateur ne peut s'utiliser que dans la pierre
et surtout pour le creusement des tunnels.

Les terrassements se font à une ou deux voies.
Ils sont généralement comptés au mètre cube de
déblai.

Terrassements de peu d'importance. —
Quelquefois dans les pays plats, la section moyenne
des terrassements à exécuter ne dépasse pas
3 mètres cubes par mètre courant; il convient alors
de les traiter au mètre courant de la plate-forme de
voie achevée et réglée.

Les terrassements ne peuvent se faire qu'à l'entreprise.

Mains-d'œuvre et sujétions. — 1° Toutes
les sujétions, mains-d'œuvre et fournitures quelconques résultant des travaux sont à la charge de l'entrepreneur implicitement ou explicitement.

2° Le piquetage pour l'exécution des travaux doit être fait par l'entrepreneur qui mettra des M de 50 mètres en 50 mètres au pied ou à la crête des talus, lorsque les remblais auront quelque importance.

Pour la sûreté du travail, il doit veiller à la conservation des repères qui lui seront indiqués.

3° Les tranchées ne peuvent être attaquées sans savoir préalablement si elles doivent être exécutées à une ou deux voies, et si c'est à une, savoir si c'est la droite ou la gauche.

Banquettes et revers d'eau. — Avant de commencer les déblais il faut exécuter des banquettes et revers d'eau sur le haut des tranchées à $0^m,10$ d'inclinaison par mètre et 1 mètre de large au moins.

Terres glaises. — Les terres glaises et argileuses provenant des déblais, ainsi que les mauvaises argiles, seront déposées en dehors de la voie ou dans le milieu des remblais.

Terres végétales. — Les terres végétales seront ménagées pour les talus des remblais.

Talus. — Tous les talus et surfaces de plates-formes seront réglés sans jarrets ni irrégularités; les arêtes seront parfaitement droites dans les alignements et très régulières en courbe.

Règlement des terrassements. — Le

règlement des terrassements en courbe sera fait sur
la plate-forme avec les devers et découpures transversales pour l'écoulement des eaux.

Mines. — 4° Pour les déblais à la mine,
l'entrepreneur n'emploiera que les fusées de sûreté, dites mèches anglaises, et des bourroirs avec
bouts en cuivre de 0^m,10 de long.

Pour le règlement des talus aucun bloc ne devra
rester en saillie et les vides seront remplis par un
muraillement qui suivra leur inclinaison.

Emprunts et dépôts. — 5° Les emprunts,
ainsi que les dépôts en cavalier, ne seront faits que
suivant ordre spécial et suivant profils désignés à
l'avance.

Quand il y aura un petit excédant de déblais, il
sera déposé uniformément au pied des talus en
forme de banquettes régulières selon le profil qui
sera désigné.

Régalages. — 6°. Généralement les régalages
de déblais transportés en remblais se font de la manière suivante :

A la brouette par couche de 0^m,20 d'épaisseur ;

Au tombereau par couche de 0^m,30 d'épaisseur ;

Au wagon en une seule couche, mais en terrain mouvant à deux couches et à toute largeur à
la fois.

Tassements. — Sur la hauteur du remblai, il

faut toujours tenir compte du tassement des terres qui est de un dixième de la hauteur.

On peut faire les déblais en plusieurs plans de niveau.

Moyens de transport. — 7° Tous les moyens de transport sont à la charge de l'entrepreneur qui aura la faculté de disposer les voies et les wagons là où ses travaux doivent être exécutés de cette façon, après en avoir fait connaître la convenance et la suffisance.

Terrassements incomplets. — 8° L'entrepreneur est tenu de charger ou de déblayer à nouveau tout terrassement incomplet ou exhaussé.

Déblais hors ligne. — 9° Les déblais en dehors du chemin de fer doivent être exécutés par l'entrepreneur, conformément aux instructions, plans et profils qui lui seront donnés.

Ils seront faits par petites couches sans endommager les talus ni les plates-formes, avec des échafaudages mobiles pour les brouettes, et pour les tombereaux il suffira de réparer les ornières.

Empierrement des chaussées. — 10° Les empierrements des chaussées seront en silex d'une couche de $0^m,25$ pour les routes nationales, départementales et chemins de grande communication, et $0^m,20$ pour tous les autres chemins.

Ceci s'applique aussi bien aux déviations qu'aux

chemins latéraux. — Le bombement sur l'axe
est de 1/40ᵉ de la largeur totale de la chaussée. Le
cassage des cailloux sera fait à 6 centimètres
et passé à une claie de cette dimension, il sera
emmétré en tas de 1 mètre pendant l'entretien.

Matériaux provenant des déblais. —
11° Les matériaux provenant des déblais reconnus
propres aux maçonneries, aux chaussées et au
ballastage seront triés par l'entrepreneur, déposés
et emmétrés sur des points désignés. Ils seront
réservés à l'administration ou fournis à l'entrepreneur en déduction de ceux qu'il aurait dû fournir.

Entretien des talus et plates-formes.
— 12° L'entrepreneur est tenu d'entretenir en bon
état les talus, les plates-formes et tous les ouvrages
accessoires, jusqu'à la réception définitive ; il doit
faire disparaître les racines à ses frais, relever les
terres tombantes, redresser les arêtes ; outre cela
et d'une manière générale, ses charges dans les
travaux de déblais sont les suivantes :

1° L'essartage du sol et la fouille jusqu'à 0ᵐ,30
sous l'eau ;

2° L'enlèvement des gazons, racines, souches et
arbres jusqu'à 0ᵐ,20 de circonférence mesurés à
1 mètre de hauteur du sol ;

3° La décharge, l'emploi en remblai, la mise en
dépôt ;

4° L'entretien pendant le délai de garantie.

Terrassements au mètre courant. — 13° Les terrassements payés au mètre courant pour le chemin de fer, les chemins latéraux et les déviations de chemins doivent être faits conformément aux articles 2 et 3 précédents et 14 suivant ;

Est comprise dans ces travaux, l'exécution des fossés de tranchées et de 1 ou 2 fossés latéraux de 1 mètre à 1^m,50 d'ouverture en gueule et de 0^m,40 à 0^m,50 de profondeur.

L'entrepreneur, pour les parties à exécuter au mètre courant, a la faculté d'opérer par emprunt, dépôt ou transport. Ceci s'applique également aux chemins latéraux ou déviés.

Outillage et faux frais. — 14° Toutes les dépenses d'instruments et outillage à avoir sur le chantier, les faux frais quelconques, les dépenses d'asséchement, bâtardeaux, détournement des eaux, épuisements, etc., pour l'exécution des terrassements, des emprunts et des déblais supplémentaires sont à la charge de l'entrepreneur, ainsi que les frais nécessités par le tracé et l'implantation des ouvrages.

Vérification des chaussées. — 15° Les constatations de l'épaisseur des empierrements des chaussées, ont lieu au moyen de sondes ; ces épaisseurs devront être complètes au moment de la réception provisoire et elles devront être maintenues jusqu'à la réception définitive.

Conditions générales de l'entreprise. — 16° L'entrepreneur doit prendre toutes les précautions qu'exigent la confection et la conduite de ses travaux ; il ne peut intercepter les communications existantes, ni les cours d'eau ; il doit suivre les ordonnances et règlements, lorsqu'il touche aux voies de communication, et il est responsable de tout accident qui pourrait arriver. Chaque fois que les terrassements s'approcheront d'un lieu où doit être construit un ouvrage d'art, ou qu'il en existe un, il doit demander des instructions spéciales avant de continuer.

Il est astreint à l'exécution du cahier des charges et à celui des clauses et conditions générales qui sont annexés à son adjudication ou à sa soumission, ainsi qu'aux lois qui régissent la matière.

Précautions à prendre dans les mauvais terrains. — Dans les tranchées, les talus doivent être inclinés à un et demi pour un et une banquette de 0ᵐ,30 de largeur doit être ménagée au bas. Au besoin un drainage sera fait en tuiles creuses remplies de cailloux sur toutes les tranches qui présenteraient des suintements. Ces drainages seraient faits en forme de V. Enfin dans les ter rains absolument mauvais, un mur de soutènement, troué de nombreux caniveaux, doit être construit au pied des talus.

Sous les remblais, il faut établir des tranchées transversales et longitudinales que l'on remplit de cailloux ou de pierres, que l'on monte en forme de pyramide à une certaine hauteur au-dessus du sol naturel. Un large fossé est établi latéralement de chaque côté du remblai pour recevoir les eaux de ces drainages.

OUVRAGES D'ART.

Observations générales. — Ce sont les ouvrages d'art qui forment la partie la plus inté-ressante des travaux. C'est de leur bonne exécu-tion que dépend la solidité de la ligne, et on ne doit rien négliger pour les mener à bonne fin. Il vaut mieux pécher par trop de précautions que d'en négliger quelques-unes.

Les travaux d'art, comme les terrassements, se font d'habitude à l'entreprise ; il n'y a que les épuisements qui se font en régie.

Avant de commencer la construction d'un ou-vrage d'art, l'essentiel est de s'assurer de la soli-dité du sol sur lequel on va construire et d'encas-trer fortement le béton dans cette couche solide.

Il est bon de s'assurer que la couche solide n'est pas que superficielle et, pour cela, il faudra faire un sondage à l'extrémité de la fouille, sondage qui permettra de mettre l'extrémité de la pompe d'épuisement qui doit être plus bas que le niveau du fond de la fouille pour pouvoir l'assainir com-plètement.

Dans ce sondage on enfoncera encore une barre à mine, et lorsque l'on sera convaincu que le sol est bien solide, on pourra commencer la pose du béton.

Les terrains sur lesquels on peut construire en toute sécurité sont les suivants :

Le roc, la pierre, la meulière, le grès, le caillou, le calcaire, le sable, la marne, la glaise compacte, etc.

Il faudra veiller, pour la construction des ouvrages d'art, aux dispositions suivantes :

Charges et obligations. — 1° L'entrepreneur a à sa charge tous les frais de transport, d'approche et de hardage des matériaux ainsi que les droits d'octroi. — La confection des ouvrages d'art doit être organisée de façon à suivre la marche des terrassements et n'en jamais entraver l'exécution.

Les déblais de fondations ne doivent être commencés qu'après avis préalable et autorisation. Les maçonneries de fondations ne seront commencées que lorsque les fouilles auront été reçues et que les cotes de fond auront été prises contradictoirement.

Les approvisionnements de matériaux doivent se faire à l'avance et en quantités assez abondantes.

Les angles, les cordons d'appui, les couronnements et les plinthes, sont généralement en pierre de taille.

Les parements vus des pieds-droits, les tympans, les murs en aile et en retour, sont en maçonnerie ordinaire mosaïquée ou en moellons piqués posés par assises régulières.

Pour ces travaux, les matériaux doivent toujours être de premier choix, triés avec soin, de manière à n'avoir en parement que des sections bien dures, sonores, sans tendrières ni cavités.

Préliminaires. — 2° Avant de commencer son tracé, l'entrepreneur demandera les repères d'alignements et de cotes ; puis il complétera l'établissement en fournissant tout ce qui est nécessaire à cette opération.

Tous les matériaux seront examinés avant l'emploi et reçus ; ceux refusés seront marqués selon les indications et aux frais de l'entrepreneur.

Le sable, les cailloux ou pierres cassés, les mortiers et bétons rebutés seront mis de suite dans les remblais ordinaires.

Matériaux. — 3° Les principaux matériaux à employer sont les cailloux, le sable, la chaux, le ciment, la pierre de taille, les moellons bruts, les moellons mosaïqués, les briques, les bois de charpente, etc.

Gravier. — Les graviers, cailloux et pierres cassés proviendront des meilleures carrières du pays ; ils seront parfaitement purgés de terre et autres matières nuisibles ; ils seront, au besoin, lavés avec soin, et passés à la claie de 6 centimètres.

Le cassage, s'il y a lieu, se fera toujours hors du lieu d'emploi.

Sable. — Le sable proviendra également, d'abord des rivières du pays, et, s'il n'y en a pas, des meilleures carrières du pays ; il sera lavé avec le plus grand soin et ne contiendra aucune matière terreuse ; il sera passé à la claie pour la maçonnerie ordinaire et au crible pour la confection des mortiers employés pour la pose de la pierre de taille et les rejointoiements.

Chaux. — La chaux hydraulique naturelle proviendra des endroits indiqués au devis ; elle sera essentiellement hydraulique et devra supporter l'aiguille 48 heures après sa mise sous l'eau. La provenance en sera justifiée par lettre de voiture.

Dans le cas où la chaux en sac ou en fût serait employée, le surveillant aura soin de se faire remettre le plomb de chaque sac ou fût entamé. — La chaux devra être conservée à l'abri de toute humidité ; avant son emploi, des échantillons seront remis au bureau du chef de section.

On ne doit pas avoir une entière confiance à l'emploi des chaux en sacs ou en fûts plombés et on doit fréquemment les expérimenter.

Cetté méfiance n'est pas gratuite ; dans les usines on triture aussi bien les incuits que les morceaux de chaux, et il arrive fréquemment que pour achever une livraison on remplace la chaux qui manque par tout ou partie des biscuits que l'on avait retirés du four.

Une fois mis en poussière et mêlés avec le reste de la chaux, il n'est plus possible de reconnaître la fraude ; ce n'est que par des expériences fréquentes que l'on atteint ce résultat.

Il ne faut pas oublïer que c'est de la bonne qualité de la chaux et de son emploi que dépend la bonne confection des ouvrages d'art.

Ciment. — Le ciment employé dans les mortiers et pour le rejointoiement des maçonneries sera fourni directement et garanti par les établissements réputés les meilleurs. Il sera en fûts bien conditionnés et portant la marque de fabrique ; il sera rebuté s'il n'est pas jugé de première qualité, et la provenance devra être justifiée par lettre de voiture.

Pierres de taille. — Les pierres de taille proviendront des meilleures carrières du pays ou des environs ; elles seront non gélives, sans fil ni mayes, ni tendrières, et dégagées de tout bousin.

Moellons bruts. — Les moellons bruts proviendront des carrières du pays ou des environs, ou autres analogues acceptées par l'ingénieur.

Les moellons seront durs, bien gisants, non gélifs, dégagés de toute gangue, terre et matières susceptibles de s'altérer à l'àir, lavés si cela est nécessaire pour atteindre parfaitement ce but. Ils auront au moins $0^m,15$ d'épaisseur, $0^m,20$ de queue dans les massifs et $0^m,25$ dans les parements même cachés par les terres.

Les moellons pour enrochement ne devront pas présenter moins de $0^m,25$ dans leur plus petite dimension.

Moellons pour parements mosaïqués. — Les moellons mosaïqués proviendront des carrières du pays ou des environs ; on exclura tout moellon présentant des tendrières ou des cavités provenant des parties tendres ou détruites par la gelée ; ils seront établis avec parement polygonal régulier et joints retournés d'équerre sur une profondeur de $0^m,08$ sur toutes les faces, et une queue de $0^m,25$ en moyenne, variant de $0^m,20$ à $0^m,30$. Ils seront taillés au testu, les plus grandes bosses seront ensuite abattues à la grosse pointe ; le parement présentera au plus des aspérités de $0^m,03$. Les joints auront au maximum $0^m,020$ d'épaisseur.

Tous les parements du même ouvrage seront exécutés avec la même nature de moellon.

Moellons pour parements piqués ou smillés. — Les moellons piqués ou smillés auront la même provenance que les précédents et leur hauteur dépendra de celle des assises, des chaînes d'angle, dont ils formeront le tiers ou la moitié ; leur longueur en parement ne sera pas moindre de 0^m,20 et la longneur en queue de 0^m,25.

Ils seront bien d'équerre sur toutes leurs faces, bien parementés à la petite pointe et ne présenteront aucune saillie trop sensible.

Bossage. — Quelquefois les moellons pourront, selon le goût du constructeur, être entourés d'une plate-bande taillée de 0^m,02 de large et tout le reste du moellon pourra saillir sur cette surface taillée de 0^m,02 ou 0^m,03 uniformément pour tous. Cette saillie devra, autant que possible, rester à l'état brut, sans coups de pointe ni de testu. Ce genre de maçonnerie s'appelle du bossage.

Briques. — Les briques proviendront des ours du pays. Elles auront 0^m,22 $\times$ 0^m,11 $\times$ 0^m,055. Elles seront bien cuites et sonores, exemptes de pierraille et sans défaut de moulage ; elles devront être mouillées avant leur emploi.

Le choix de la brique entre pour beaucoup dans la bonne exécution d'un ouvrage.

Dans un même pays, il y a quelquefois deux ou trois fours et le choix est alors possible ; il faut prendre de préférence celle qui est pressée à la machine. Plus la pression de la machine est forte, plus la brique sera comprimée, et plus elle offrira de résistance.

L'argile qui sert à la fabrication de la brique doit entrer pour beaucoup dans les motifs qui détermineront le choix des briques. Celle qui est prise à 3, 4 ou 5 mètres de découverte vaut beaucoup mieux que celle qui est prise moins profond, et le mélange des deux ne donne qu'un produit qui laisse encore beaucoup à désirer.

Bois. — Les bois fournis par l'entrepreneur, seront en chêne et en sapin ; ils seront abattus depuis un an au moins et ils seront de droit fil, sans malandres, aubier, roulures, gelivures, nœuds vicieux, pourritures et autres défauts. Ils ne seront, ni échauffés, ni gras, ni gélifs. Les bois en grume seront écorcés ; ceux grossièrement équarris pour ouvrages provisoires, travaux de fondations, cintres, etc., pourront être livrés à l'état de bois marchand équarri, à la condition que les flaches ne dépassent pas 0ᵐ,04. On pourra employer pour pieux, des bois en grume concurremment avec les bois grossièrement équarris.

Mortiers. — 4° Le mortier sera fabriqué sur des aires en planches placées sous des hangars couverts et abrités.

La proportion des matières sera de 1 partie de chaux pour 2 de sable; quand il y aura lieu d'ajouter du ciment, on mêlera d'abord la chaux et le ciment ensemble par petites parties et aussi exactement que possible dans les proportions de 50 kilos par mètre cube de sable. A cet effet, les matières seront pesées à l'aide d'une bascule que l'entrepreneur devra avoir à chaque atelier de fabrication de mortier. La chaux et le sable seront mesurés au moyen de brouettes calibrées.

Les matières ayant été dosées et mêlées seront introduites dans le broyeur et arrosées à raison de 50 litres d'eau par 100 kilos de chaux et ciment, et plus ou moins suivant l'état de l'atmosphère.

Les broyeurs devront être acceptés avant d'être employés; ils seront mis sous abri pour la fabrication.

Le mortier doit être employé aussitôt après sa confection; celui qui serait desséché et qui ne pourrait revenir par le broyage ou le pilonage sans addition d'eau sera rejeté hors du chantier.

Béton. — 5° Les cailloux à employer seront durs, parfaitement purgés de détritus, et lavés au besoin; ils n'auront pas plus de 0^m,06 en tous sens.

Le béton sera fabriqué à l'abri; il se composera de 1 partie de mortier et de 2 de cailloux ou pierres cassées. Les matériaux seront mesurés dans des caisses sans fond et par dosage de un quart de mètre cube.

La fabrication du béton doit être faite sans addition d'eau, les cailloux ou la pierre cassée seront arrosés avant leur emploi. Le béton doit être employé fraîchement fait et quand le mélange est bien opéré.

L'entrepreneur devra demander des instructions, avant de couler le béton, sur la manière de faire cette opération qui se fait ordinairement par couches régulières.

Il en sera de même pour les chapes en béton.

Maçonneries générales. — 6° Une demi-heure environ avant l'emploi, les pierres et les moellons seront arrosés à grande eau sur le tas.

Dans les temps secs, les maçonneries seront arrosées légèrement, mais fréquemment, afin de prévenir une dessiccation trop prompte.

Dans les temps secs ou de pluie, les maçonneries devront être recouvertes de nattes à chaque débauchée, et, lors de la reprise du travail, il faudra balayer à vif et mouiller la maçonnerie pour que la nouvelle puisse faire bonne adhérence.

Maçonneries de moellons bruts. — 7° Dans les maçonneries de moellons bruts, les moellons seront posés à bain de mortier et en liaison en serrant le mortier dans tous les joints avec la truelle. Les joints bien remplis de mortier seront garnis d'éclats de pierre dure, enfoncés et serrés, mais de manière que chaque éclat ou moellon soit toujours enveloppé de mortier.

Le moellon doit toujours être employé à l'état humide par assises régulières et placé sur son plat dans les pieds-droits et en coupe dans les voûtes.

Maçonneries de mosaïque. — 8° Les maçonneries de moellons mosaïqués en parements seront faites en posant les moellons à bain de mortier et de manière que les sommets des polygones se correspondent exactement; les moellons seront assurés avec le manche du testu, calant les queues, joignant les rives et remplissant les joints verticaux par derrière, en fichant le mortier dans les joints avec la truelle et le retenant à l'extérieur.

Les mêmes mesures sont à prendre pour les maçonneries de parements piqués, smillés ou de bossage.

Rejointoiement. — Le rejointoiement consistera dans le raclage au crochet sur une profondeur de $0^m,015$ du mortier des joints ; dans le nettoyage et le lavage desdits joints, dans le remplissage soigné avec du mortier fin, tassé et lissé au fer, de manière à bien joindre les arêtes des moellons en les laissant apparentes. Au besoin, une matière colorante sera ajoutée au mortier fin. La largeur des points sera de $0^m,02$; après la pose, le parement vu sera lavé.

Immédiatement après l'achèvement des maçonneries, le rejointoiement sera exécuté.

Maçonnerie de pierre de taille. — 9° Les pierres de taille seront bien taillées et dressées en parement avec la fine boucharde; elles auront les arêtes de parement relevées par deux ciselures de $0^m,016$ de largeur.

Toute pierre écornée ou épaufrée sera refusée ainsi que celles de mauvaise qualité. La pose sera faite à bain de mortier fin et hydraulique sans emploi de cales; les joints ne dépasseront pas un centimètre et ceux verticaux seront fichés.

Après l'achèvement des maçonneries en pierre de taille, on procédera au ragréement et au rejointoiement, quelle que soit la saison, sauf à refaire le travail au compte de l'entrepreneur s'il ne résiste pas à la gelée.

Maçonnerie de briques. — 10° Les briques ne seront employées que dans les maçonneries de voûtes; elles seront trempées dans l'eau avant l'emploi. On les fera glisser dans le mortier en les pressant fortement et en serrant le mortier dans les joints. L'épaisseur des lits de joints ne dépassera pas $0^m,008$.

Les parements vus devront être en briques de premier choix; ils seront rejointoyés avec soin et les joints passés au fer.

Maçonnerie de pierres sèches. — 11° Les maçonneries en pierres sèches seront exécutées avec des moellons posés de manière à se toucher par les grandes faces, assujettis à coups de marteau et fortement serrés les uns contre les autres au moyen d'éclats de pierres formant coins. On réservera pour les parements les moellons les plus gros et les plus réguliers. Ces moellons devront avoir au moins 0ᵐ,?0 de queue. On n'emploiera aux maçonneries en pierres sèches que les moellons durs et non gélifs.

Pieux et palplanches. — 13° Les assemblages charpentés seront pleins, sans défauts de joints ni épaufrures; les trous des boulons seront exactement du calibre de ces boulons.

On fera prendre aux pieux et palplanches la fiche qui sera fixée pour chaque point, on les battra avec les soins nécessaires pour les mettre et les maintenir à la place qui leur sera assignée; on les fixera dans leur position par des chapeaux ou des moises. Les moises entre lesquelles doivent être battues les palplanches seront boulonnées sur le pieu. L'intervalle des pieux sera bien vérifié; le nombre et la largeur des palplanches qui doivent le remplir exactement seront déterminés en conséquence, en retaillant au besoin les paplanches pour assurer la juxtaposition avec les pieux.

Les palplanches qui doivent remplir ces intervalles seront présentées ensemble, assemblées à grain d'orge et maintenues par des moises volantes, fixées sur les pieux au moyen de chevilles barbelées. On les battra avec précaution en passant de l'une à l'autre, afin qu'elles s'enfoncent uniformément. Les pieux et les palplanches seront recépés à la hauteur prescrite et bien de niveau.

Mesures finales. — 14° Après l'achèvement de chaque ouvrage, son emplacement et les terrains aux abords appartenant à l'administration devront être débarrassés de tous débris et matériaux de rebut ou en excès.

Les dépenses de bâtardeaux et épuisements pour l'exécution des fouilles se font en régie.

Pour l'exécution des fouilles et les mises en dépôt ou en remblai de matériaux en provenant, il faudra demander des instructions spéciales au moment de commencer, et ces instructions seront fournies selon la nature du sol à extraire des fouilles, les terres en provenant devant être employées pilonées au pourtour de l'ouvrage ou dans les terrassements avoisinant l'ouvrage.

Précautions à prendre dans les mauvais terrains. — Il faut fortement blinder et étrésillonner les fouilles et couler le béton par sections successives en forme d'escalier, pour que les sections puissent venir se raccorder en s'appuyant les unes sur les autres.

Quand le terrain du fond des fouilles n'offrira pas assez de résistance pour fonder et qu'il ne sera pas facile ou trop coûteux de battre des pieux dans la fouille, il faudra creuser, de distances à autres, des trous prenant toute la largeur de la fouille et descendant le plus profondément possible, puis le massif de terre entre ces trous sera taillé en forme arrondie, de sorte que les trous formant piliers et l'espace placé entre les piliers des arceaux, on coulera alors le béton dans ces piliers et sur ces arcs jusqu'à la hauteur voulue.

Le béton ainsi coulé dans la fouille présentera en coupe longitudinale la forme d'un viaduc sur lequel viendra s'asseoir l'ouvrage en élévation.

DEUXIÈME PARTIE

SUPERSTRUCTURE

POSE DE VOIE ET BALLASTAGE

Observations générales. — L'infrastructure de notre ligne est faite par les travaux qui précèdent; il s'agit maintenant de procéder à la superstructure qui comprend : la pose de voie et le ballastage, les bâtiments et le matériel fixe.

Pendant la construction des travaux d'art et l'exécution des terrassements, on a fait des recherches pour trouver des ballastières, et nous supposons qu'on en ait trouvé en quantité suffisante pour les besoins de notre ligne.

Quand on a pu trouver une ballastière tous les 30 kilomètres, on est dans d'excellentes conditions, car, plus rapprochées les unes des autres, les frais d'installation absorberaient les bénéfices, et plus éloignées, les frais de traction et de transport donneraient le même inconvénient.

De même que pour l'infrastructure, il faut veiller à ce que la construction des ouvrages d'art n'arrête pas l'exécution des terrassements et qu'ils soient toujours faits à temps pour les laisser passer; de même pour la superstructure, il faut veiller à ce que le ballastage suive la pose de la voie et que celle-ci n'arrête jamais le ballastage.

Désignations. — Le travail à faire comprend :

1º Le sabotage des traverses;

2º La pose de la voie ;

3º Le ballastage.

Le sabotage des traverses se fait généralement à la machine à entailler; mais comme il arrive aussi assez fréquemment qu'il faille le faire à la main, nous supposerons ce dernier cas dans celui qui nous occupe.

Nous supposerons aussi que la voie est posée avec des crampons au lieu de l'être avec des tire-fonds : cette pose est tout aussi solide et bien moins coûteuse.

Pour se faire dans de bonnes conditions, la pose de voie et le ballastage doivent se faire à la machine et à l'entreprise.

On procède au travail de la manière suivante :

1° SABOTAGE.

Définition. — Le sabotage comprend l'entaillage et le perçage de la traverse.

Gabarits. — On se sert pour l'effectuer de
gabarits en fer destinés à vérifier l'inclinaison de
1/20° que doit avoir la face inférieure de l'entaille
et pour effectuer le perçage.

Le gabarit à percer se compose de deux sabots
en fonte reliés par une traverse en fer. Ces sabots
sont percés de cheminées de $0^m,017$ de diamètre
dont les centres correspondent aux emplacements
des crampons. Il y a deux gabarits de perçage :
l'un avec des cheminées inclinées à 1/10° sur l'entaille pour les traverses supportant le rail au
droit des encoches qui s'y trouvent pratiquées;
l'autre, avec des cheminées perpendiculaires à l'entaille pour les autres traverses.

Ces gabarits sont accompagnés d'un troisième,
dit d'écartement, destiné à la pose des rails; ils doivent être vérifiés tous les matins pour l'inclinaison
des patins et l'écartement, s'il y a lieu. Il est essentiel que chaque agent s'assure de l'exactitude de
ces gabarits surtout pour l'écartement et la disposition des trous de crampons.

Entaillage. — Les entailles seront faites sur

la face demi-ronde de la traverse; elles devront être placées à peu près à égale distance de ses deux extrémités, pourvu que les entailles soient faites sur des parties saines et propres à servir d'appui au rail.

Les entailles devront être bien exactement dressées suivant l'inclinaison de 1/20°, de manière que les parties inférieures du gabarit s'y appliquent parfaitement ; elles devront être limitées par des traits de scie formant épaulement pour le patin du rail ; il ne doit y avoir aucun jeu entre le gabarit et les épaulements extérieurs.

La profondeur des entailles sera suffisante pour que la surface sur laquelle doit reposer le rail soit parfaitement saine, complètement purgée d'aubier, et ait au moins $0^m,14$ dans le sens de la largeur de la traverse ; il faudra, en outre, que l'épaulement ait au moins un centimètre de hauteur au droit du crampon extérieur, de manière à empêcher ce crampon de déverser. Toutefois l'épaisseur de la traverse sous l'entaille ne devra jamais être réduite à moins de 11 centimètres.

Perçage. — Le gabarit sert à guider la tarière, lorsque le perçage se fait à la main, et à le vérifier, lorsqu'il est fait mécaniquement.

Les trous doivent être percés d'outre en outre avec des tarières de diamètre aussi petit que pos-

sible, mais cependant assez grand pour qu'on ne
fasse pas fendre les traverses ou plier les crampons
en les enfonçant; leur diamètre ne sera jamais
supérieur à 0^m,016.

Goudronnage. — Les entailles devront être
goudronnées sur toute leur surface avec du goudron végétal employé à chaud ; les trous devront en
être imbibés.

2° POSE DE LA VOIE VIGNOLE A CRAMPONS.

Tracé de la voie. — Le tracé de l'axe du
chemin de fer sera indiqué à l'aide de forts piquets
placés tous les 100 mètres dans les alignements et
tous les 20 mètres dans les courbes. Ces piquets
indiqueront la hauteur des rails au niveau du ballast par un trait de scie fait à la hauteur voulue par
le nivellement exécuté préalablement sur la tête des
piquets.

La conservation de ces piquets, ainsi que leur
fourniture, sont à la charge des entrepreneurs.

La file des rails la plus voisine des piquets sera
placée à 1^m,03, mesurés de l'axe du piquet à l'axe
du rail.

La largeur de la voie, mesurée entre les faces
intérieures des rails, sera de 1^m,45.

Dans les courbes de rayon inférieur à 400 mètres, on donnera à la voie une largeur de 1^m,46.

Surhaussement du rail extérieur dans les courbes. — En ligne droite, la pose de la voie se fera de telle sorte que les deux tables de roulement des rails soient de niveau.

En courbe, le rail extérieur présentera un surhaussement sur le rail intérieur. Ce surhaussement sera donné en se conformant au tableau suivant :

RAYON DES COURBES.	SURÉLÉVATION EN MILLIMÈTRES.
300	130
350	122
400	114
500	100
600	88
700	78
800	70
900	64
1,000	60
1,500	40
2,000	30

Raccordement des courbes et des alignements. — Le raccordement du devers dans les courbes avec la hauteur normale dans les alignements se fera par une inclinaison uniforme ; la longueur de ce raccordement sera calculée pour les alignements longs de plus de 180 mètres à raison de

75 centimètres pour 1 millimètre de hauteur rachetée, et pour les alignements de moins de 180 mètres, à raison de 50 centimètres pour 1 millimètre de hauteur rachetée.

Pose dans les stations en courbe. — Dans les stations en courbe, la voie directe et les voies de garage doivent être posées suivant le devers que comporte le rayon de la courbe.

Les trottoirs d'embarquement des voyageurs seront disposés en conséquence.

Les voies de marchandises se posent toujours sans devers, que les stations soient en courbe ou non.

Raccordement des déclivités. — Les pentes et rampes seront autant que possible raccordées avec les paliers ou entre elles avec des transitions douces. Cette précaution est surtout indispensable aux angles rentrants et surtout lorsque les déclivités présentent de grandes différences. A cet effet, on diminuera progressivement la déclivité la plus forte de 2 millimètres par 10 mètres de longueur et on augmentera la plus faible dans le même rapport.

Longueur des rails. — Ils peuvent avoir 6^m,50, 6 mètres, etc., pour les alignements droits, et 6^m,46 et 5^m,97 pour les courbes, et afin de faciliter la fabrication, l'on a admis un trentième des barres avec des longueurs de 5^m,50, 4^m,50 et 3^m,555.

Écartement des traverses. — La voie est
en rails vignoles avec joints en porte à faux.

Le nombre de traverses par longueur de rail est
le suivant :

Pour un rail de 7^m,50 ... 8 traverses.
— de 6^m,50 ... 7 —
— de 5^m,50 ... 6 —
— de 4^m,50 ... 5 —
— de 3^m,555 ... 4 —

Les traverses voisines des joints sont dans tous
les cas espacées de 0^m,604 d'axe en axe.

**Règlement des joints d'après la tempé-
rature**. — Les rails sont posés bout à bout en
laissant entre eux un espace suffisant pour empêcher qu'ils viennent à se buter les uns contre les
autres, par suite de la dilatation.

Cet intervalle sera réglé ainsi qu'il suit :

5 millimètres si la température est inférieure à 0.
3 — à la température ordinaire.
1 à 2 millimètres dans les temps chauds.

Pose des éclisses en porte à faux. — Si
pour une cause quelconque, les trous des éclisses,
ceux des rails et les diamètres des boulons ne s'adap-
tent pas exactement, les entrepreneurs devront,
sans rien changer aux éclisses, obtenir l'ajustage
par une modification des trous du rail.

Les écrous des boulons d'éclisses seront placés intérieurement à la voie.

Les rondelles seront placées entre eux et les éclisses.

Les boulons seront huilés avant la pose, par les entrepreneurs et à leurs frais.

Les boulons ne devront pas être trop serrés pour ne pas détériorer le filet ; il faudra que les ergots des boulons remplissent bien les trous des éclisses pour que le boulon ne puisse tourner avec l'écrou au moment du serrage.

Crampons. — Les crampons ne seront enfoncés qu'après que la voie aura été réglée en direction et en hauteur en commençant par les joints. Ils seront goudronnés avant leur emploi et, pour cela, chauffés légèrement sur une grille, puis trempés dans le goudron avant leur refroidissement.

Aucun coup ne doit être porté sur un crampon sans que la traverse soit soulevée à l'aide d'un levier et qu'un gabarit de largeur de voie soit appliqué aussi près que possible.

Dès que la tête du crampon touchera la partie supérieure du patin du rail, il faudra cesser de le frapper.

Rails. — Les rails à employer à la voie définitive directe devront être neufs et n'avoir pas servi à faire les terrassements, comme cela se fait trop fré-

7

quémment dans les petites compagnies, car les rails
dans ces conditions ne sont plus droits ou ont le
champignon déformé, ce qui constitue une inégalité
de pose qui ne convient pas à une voie directe.

Les rails seront appareillés deux à deux, par
longueurs égales dans les alignements, et légèrement inégales dans les courbes pour tenir compte
de la moindre longueur du petit rayon (intérieur),
en se conformant du reste au tableau suivant :

RAYON DES COURBES.	NOMBRES ENTIERS RÉGLANT L'EMPLOI DES RAILS DE 6ᵐ,46	
	NOMBRE DES RAILS de 6ᵐ,50 à l'extérieur.	NOMBRE DES RAILS de 6ᵐ,46 à l'intérieur.
300	40	33
350	9	6
400	8	5
450	20	11
500	4	2
600	40	17
700	20	7
800	10	3
900	11	3
1,000	4	1
1,200	5	1
1,500	50	8
2,000	9	1

La marque de fabrication des rails sera tournée
vers l'axe de la voie. Les entrepreneurs dresse-

ront les rails qui ne seront pas droits et courberont ceux qui leur seraient indiqués.

Cette opération se fera à froid au moyen d'une presse à vis ou en les laissant tomber d'une certaine hauteur sur deux traverses ordinaires espacées de 5^m,75 à 6 mètres environ.

Responsabilité des entrepreneurs. — Les entrepreneurs seront responsables de tout le matériel qui leur est fourni, et ils payeront à des prix convenus dans le cahier des charges tous les objets perdus ou détériorés ; les agents de l'administration devront donc tenir au courant et noter tout ce qui serait abîmé ou rendu hors d'usage par fausse manœuvre ou toute autre cause.

Pose sur les ponts métalliques. — On cherchera à éviter qu'il se trouve des joints entre les culées pour les ponts d'une petite ouverture.

Sur les ouvrages importants, la voie sera posée aux frais de l'administration, mais les entrepreneurs devront faire les raccordements nécessaires aux extrémités.

Changements, croisements, traversées de voie et plaques tournantes. — Ces objets seront faits et posés d'après les plans et instructions spéciales remises à temps aux agents et aux entrepreneurs.

Voies aux passages à niveau. — Aux

passages à niveau, les voies sont munies de contre-rails destinés à maintenir les pavages ou empierrements des chaussées en ménageant toujours une ornière pour le passage des boudins des roues de wagons.

La largeur des ornières est de $0^m,062$.

Les ornières se termineront des deux côtés par une partie évasée, obtenue en infléchissant les contre-rails, et la largeur sera, à l'extrémité de l'évasement, $0^m,12$.

Le contre-rail aura, comme le rail, une inclinaison de $1/20^e$ parallèle à celle du rail. Il sera maintenu sur les traverses à l'aide de crampons ou et de tire-fonds.

Entretien de la voie. — L'entretien de la voie sera fait, jusqu'à la réception, par les entrepreneurs ; ils devront avoir pour cela tous les outils nécessaires. Toutes les réparations prescrites devront être immédiatement exécutées, sinon, après 24 heures, elles seront faites de suite en régie aux frais des entrepreneurs.

Bourrage et dressement de la voie. — Pour établir la voie, on aura soin de déposer les traverses bien perpendiculaires aux rails, et de les appuyer bien solidement, soit sur la plate-forme, soit sur la première couche de ballast. — On arrivera à ce résultat en comprimant fortement le ballast sur les traverses au moyen de battes ou de pilons à bourrer.

On ne doit jamais frapper sur les rails. Après le bourrage, les lignes des rails devront être bien dressées dans les alignements et ne présenteront aucun jarret dans les courbes.

Lacunes réservées. — Dans les gares, des lacunes seront réservées pour la pose des plaques tournantes.

Le surveillant devra journellement prendre note :

Du nombre des ouvriers occupés ; de la longueur de voie posée ; du nombre de rails employés et de leur longueur, du nombre de frettes, boulons et S employés. Il doit tenir la main à ce que les ouvriers aient toujours sur le chantier 2 piquets ferrés, 5 nivelettes, 1 niveau de maçon, une équerre, une règle divisée, deux bouts de rails, une série complète de fers d'écartement et un pot de peinture rouge.

3° BALLASTAGE.

Qualité du ballast. — Le ballast sera en gravier, sable, cailloux ou silex concassé, il ne contiendra aucune partie terreuse et argileuse ou sable pulvérulent ou craie.

Fourniture du matériel. — Les entrepre-

neurs fourniront, entretiendront et alimenteront
un nombre suffisant de locomotives pour pouvoir
achever les travaux dans le délai prescrit.

Tous les wagons nécessaires seront aussi for-
nis et entretenus à leurs frais ; ils seront munis de
freins en nombre suffisant. 'L'éclairage des trains
en temps de brouillard et pendant la nuit est obli-
gatoire pour eux.

Le personnel des trains et des machines devra
être composé de gens exercés et agréés par l'administration. Un chef de train devra donner tous
les ordres qui seront relatifs au mouvement de ce
train.

Emploi du ballast. — La voie devra être
mise de hauteur au moyen de deux relèvements
successifs de $0^m,10$ à $0^m,15$ de hauteur ; le répandage
du ballast devra s'effectuer en trois couches, les
deux premières auront de $0^m,10$ à $0^m,15$ de hauteur,
la troisième sera réglée pour rendre le ballast
conforme au type admis.

Après la pose provisoire de la voie sur la plate-
forme des terrassements, le ballast de la première
couche sera transporté et déchargé sur les accotements en quantité suffisante pour que le premier
relevage de la voie puisse s'opérer de $0^m,10$ à $0^m,15$
de hauteur.

Le ballast de la seconde couche sera déchargé

de même sur les accotements où il sera repris
pour mettre la voie à hauteur définitive et la bourrer solidement.

Après que la voie aura été relevée, éclissée,
dressée et bourrée, une nouvelle quantité de ballast sera transportée; on la déchargera de nouveau
sur les accotements, puis on la reprendra pour
compléter le ballastage suivant le profil prescrit.
Il sera réglé aussitôt que la voie sera bien as-
sise.

Une quantité de ballast devra rester approvi-
sionnée en cordon de chaque côté de la voie pour
compenser les tassements.

Entretien et réception. — Avant la réception, l'entreprise devra réparer les parties des
terrassements, des ouvrages d'art qui auront pu
être dégradés, soit pendant la pose, soit pendant
le ballastage. Elle devra également relever sur la
plate-forme du ballast, les cailloux qui auraient
pu rouler dans les fossés. Ces travaux seront faits
d'office et en régie, aux frais de l'entreprise, si
elle ne les exécute elle-même.

Dépôt sur les voies. — Dès qu'une portion
de voie sera accessible aux wagons, l'entrepreneur
ne pourra déposer, même momentanément, les matériaux, outils et autres objets à moins de $1^m,30$
du rail.

Travail de nuit. — L'administration pourra exiger des entrepreneurs qu'ils établissent des chantiers de nuit et qu'ils aient un personnel double pour travailler jour et nuit sans interruption.

Les chantiers devront alors être éclairés la nuit avec un nombre suffisant de lanternes, le tout à la charge de l'entreprise.

Matériel de l'entreprise. — L'entreprise ne pourra faire aucun dépôt, hangar, magasin, ni établissement quelconque sur le chemin de fer ou ses dépendances, sans avoir été autorisée par l'administration.

Pendant la pose de voie et le ballastage, l'administration devra procéder à l'installation des gardes-barrières dont la présence est de toute nécessité, et à la formation des équipes de cantonniers préposés à l'entretien de la voie.

L'équipe se compose ordinairement d'un chef et de 5 cantonniers pour 6 kilomètres de voie à entretenir. — Les passages à niveau sont gardés par les femmes des cantonniers.

POIDS DES MATÉRIAUX DE LA VOIE VIGNOLE A CRAMPONS.

LE MÈTRE COURANT DE RAILS.	PAIRE D'ÉCLISSES.	BOULONS.	CRAMPONS.	TRAVERSES.	PLAQUES TOURNANTES.	CHANGEMENT et croisement triple.		CROISEMENT tangente 13 dévié.		CROISEMENT tangente 13 symétrique.		CROISEMENT tangente 9 dévié.		CROISEMENT tangente 9 symétrique.	
						Bois.	Métal	Bois.	Métal	Bois.	Métal	Bois.	Métal	Bois.	Métal
35k50	9k95	0k69	0k40	77	9k810	8,980	5,000	4,800	1,650	4,850	1,800	5,700	1,800	5,700	1,700

OUTILLAGE D'UNE ÉQUIPE DE CANTONNIERS.

1 anspect.
2 grandes pinces à riper.
2 petites —
2 pieds-de-biche.
2 marteaux à cramponner.
2 battes en bois.
1 jeu de nivelettes.
1 règle d'écartement.
1 règle de devers.
1 herminette.
2 clefs à boulonner.
5 pioches, piques et battes.
5 pelles en fer.
2 pioches de terrassier.

1 pioche à 2 battes.
2 pellons en bois.
2 pellons à bout ferré.
1 tarière à vis.
1 tarière à gouge.
1 wagonnet avec accessoires.
1 clef anglaise.
2 lanternes.
2 drapeaux doubles.
2 — rouges à jalons.
2 — verts à jalons.
2 cornets d'appel.
2 boîtes à pétards.
2 burettes à huile.

OUTILLAGE DES GARDES-BARRIÈRES.

1 lanterne à main.

1 cornet d'appel.

1 raclette.

1 curette.

1 arrosoir.

1 bidon à l'huile.

1 balai.

1 boîte à pétards.

150 grammes d'huile par jour et par lanterne.

CONSTRUCTION DES BATIMENTS

GARES, STATIONS ET MAISONS DE GARDES

La construction des bâtiments est celle qui donne le plus de travail, de tracas et d'ennuis à cause de l'infinité de détails qui entrent dans cette partie.

Les compagnies chargent généralement un architecte de ce service spécial et on n'y trouve rien à redire ; mais il est cependant bon d'avoir quelques données sur ce service, et quel que soit le grade auquel on appartient, de pouvoir au besoin donner son avis ou surveiller l'exécution des bâtiments.

La nécessité des bâtiments s'impose aux gares, stations, haltes et passages à niveau gardés.

Qui dit gare ou station, ne dit pas absolument la même chose, car il y a pour l'homme pratique une différence qui n'échappe pas.

Ainsi, deux villes d'un nombre égal en population sont sur une ligne, l'une de ces villes aura une gare et l'autre une station. Cela vient de ce qu'une des deux villes est très commerçante, très industrielle, et que par conséquent tous les bâtiments créés par la compagnie tendent à servir ce commerce et cette industrie : voilà une gare. L'autre ville, n'a ni commerce ni industrie, la population est principalement rentière, militaire, bureaucrate, etc. — La compagnie n'a que faire de construire de vastes hangars et de grands quais à marchandises qui seraient toujours déserts ; tous ses soins se portent à satisfaire les voyageurs dont les bâtiments sont spacieux et commodes : c'est une station.

Les gares ne sont pas seulement dans les villes commerçantes, elles s'imposent aussi à la rencontre de deux lignes pour pouvoir faire l'échange des marchandises passant d'un réseau sur l'autre.

Pour ce qui nous concerne, il est bon de savoir qu'une gare se compose principalement de bâtiments de grosse construction propres aux marchandises et qu'une station a principalement des bâtiments de luxe destinés aux voyageurs.

Il y a plusieurs classes de gares comme plusieurs classes de stations.

La moindre station se compose : d'un bâtiment de voyageurs, du logement du chef de station, d'un quai découvert et de cabinets d'aisance. Elle a deux voies : la voie principale et la voie d'évitement.

La moindre gare a, outre les bâtiments composant la station désignée ci-dessus, une halle à marchandises composée d'un bâtiment à une ou deux travées de 5 mètres chacune. Elle a, en outre, une voie de marchandises.

Plus les gares ou les stations montent d'importance, plus les bâtiments deviennent volumineux et nombreux et plus le nombre de voies augmente. Enfin, les stations de première classe ont leurs voies de voyageurs généralement recouvertes de marquises et les gares de première classe ont des bâtiments spéciaux pour les bureaux et le logement du chef de gare de la petite vitesse, indépendant des bâtiments affectés au chef de gare de la grande vitesse.

Les haltes et les maisons de gardes des passages à niveau sont de simples petits bâtiments répandus le long de la voie à des points déterminés. Mais qu'il s'agisse d'une simple maison de garde, d'une halle à marchandises, d'une remise à machines, d'une fosse à piquer, d'un château d'eau, d'un quai découvert, d'un bâtiment de chef de gare ou d'un luxueux bâtiment des voyageurs, les principes de la construction n'en sont pas moins les mêmes et doivent s'observer comme il suit :

Obligations générales. — L'entrepreneur est tenu d'exécuter les travaux conformément aux plans qui lui seront remis, et pour ce qui manque sur les plans il devra se conformer aux meilleures

règles de l'art ainsi qu'aux ordres qui lui seraient
donnés en cours de construction,

Emplacement des bâtiments. — La position des maisons et puits ainsi que l'orientation
seront déterminées par le chef de section, le conducteur ou le piqueur chargés de ce soin, avant le commencement des travaux ; en conséquence, aucun
bâtiment ou puits ne sera commencé sans que les
points aient été marqués et déterminés comme il est
dit plus haut; les surveillants devront donc arrêter
tout travail qui n'aura pas été indiqué de la sorte.

Terrassements et écoulement des eaux.
— Les terrassements nécessaires au nivellement
du sol sous les bâtiments et dans une zone de
2 mètres au pourtour desdits sont à la charge de
l'entrepreneur ainsi que l'exécution tout autour de
ces constructions de devers et de rigoles destinés à
éloigner et assurer l'écoulement des eaux du comble.

Fondations. — Les indications des dessins ne
donnent, en ce qui concerne les fondations, que le
minimum de ce que devra faire l'entreprise à cet
égard; mais il est bien entendu que si à la profondeur de $0^m,50$ au-dessous du terrain naturel, le sol
n'offrait pas une résistance suffisante, l'entrepreneur serait tenu de descendre jusqu'au bon sol dont
l'attachement sera pris par rapport au sol naturel
et rattaché à un piquet hectométrique de la ligne.

Les fondations seront jusqu'au terrain naturel, pris tel qu'il est, ou déblayé ou remblayé selon les besoins, en pierres dures du pays ou en béton selon l'importance du bâtiment ; de cette ligne au niveau du socle, la maçonnerie sera en parement mosaïqué et toute en pierres dures, non gélives, des carrières du pays ou de toute autre qualité équivalente.

L'entrepreneur reste responsable de la solidité des fondations ainsi que le veut l'article 1792 du Code civil.

Réception des matériaux. — Tous les matériaux seront examinés et reçus avant l'emploi ; tous ceux refusés seront marqués aux frais de l'entrepreneur avec de la sanguine ; ils resteront sur les chantiers jusqu'à la fin des travaux. Les sables et mortiers non recevables seront jetés dans les remblais.

Provenance des matériaux. — Le sable pour mortier de fondations jusqu'au niveau du socle, pour les crépis et les enduits, sera lavé et purgé de terre ou toute matière, pris dans les meilleures carrières du pays et passé à la claie.

La chaux hydraulique sera employée dans les maçonneries de fondations et les crépis extérieurs et les enduits intérieurs ; elle proviendra des endroits indiqués au devis ; elle sera exempte d'humidité.

conservée bien abritée, très fine et sans mélange. La provenance en sera justifiée par la lettre de voiture.

La chaux grasse proviendra des fours du pays ; elle sera reçue vive, sans incuits ni mélanges et conservée bien abritée.

Les moellons bruts pour maçonnerie de fondations sous le socle et les angles en élévation seront des carrières du pays, à l'exclusion de tout ban gélif ; ils seront durs, bien gisants, ébousinés et lavés au besoin.

Les moellons durs pour les parties apparentes seront des meilleures carrières du pays ou des carrières de qualité équivalente ; ils seront très durs, non gélifs, et posés avec joints taillés à vives arêtes.

La pierre de taille sera prise dans les meilleures carrières du pays ou des environs.

Les briques et carreaux de terre cuite seront d'une pâte bien homogène, exempte de pierrailles, et d'un bon moulage, bien cuits, sonores, sans ganches ni défauts, et des briqueteries du pays.

Le plâtre blanc, bien cuit, onctueux, non éventé, sec, sans mélange et bien pulvérisé, proviendra des endroits désignés au devis.

Le bois de sapin, bien débité, résineux, transparent, sans bleu ni parties échauffées, malandres ou nœuds vicieux, flaches, et proviendra du Nord ou des Vosges.

Le bois·de chêne aura au moins un an de coupe pour la charpente et deux ans pour la menuiserie ; il sera sans aubier, roulures, gelivures, nœuds vicieux, flaches, et du pays.

Le fer sera doux, sans pailles, et des endroits indiqués au devis.

Le bois de peuplier, bien débité, bien sain et sans nœuds vicieux, sera du pays.

Terres provenant des fouilles. — Les terres provenant des fouilles, seront transportées, mises en remblai ou en dépôt ou employées en fondations. Toutes les reprises, transports, remaniements, déchargement et réemploi seront à la charge de l'entrepreneur.

Emploi des matériaux. — Il faudra pour cela se conformer aux instructions relatives aux travaux d'art, ainsi qu'aux règles de l'art et aux dispositions suivantes :

Dans les temps de pluie, et pendant les gelées, il faudra préserver les surfaces des maçonneries au moyen de nattes ou de paillassons.

Pendant la confection de la maçonnerie, les maçons auront soin de serrer le mortier dans tous les joints avec le dos de la truelle et de ne pas laisser sur le tas des parties de mortier qui se dessèchent et s'altèrent.

La maçonnerie en élévation devra arriver jus-

8

qu'au-dessous du chevronnage, de manière à fermer les vides existant entre les chevrons au-dessus des sablières ; on laissera cependant, sans être garnis, quelques intervalles compris entre deux chevrons, afin d'aérer le comble. Cette maçonnerie sera faite par des moellons bien assisés de dimensions et carrières indiquées.

La maçonnerie du terrain au niveau du socle pourra avoir le parement extérieur rustiqué, mosaïqué et soigneusement rejointoyé au mortier de chaux hydraulique.

La face extérieure des murs, au-dessus du socle, sera recouverte d'un crépi moucheté en mortier de chaux hydraulique exécuté à trois couches ; il pourra être mélangé à ce mortier une matière colorante ; les angles pourront être lissés et passés à l'épervier.

Les parements intérieurs des murs seront recouverts d'un enduit lissé en mortier de chaux hydraulique.

Tous les parements recouverts de crépis ou d'enduits seront préalablement nettoyés, les joints dégarnis, et l'on fera un léger hachement ou repiquage du moellon, afin d'obtenir la parfaite adhérence du mortier.

Les seuils, marches et appuis des croisées et le couronnement des cheminées seront notamment en pierre de taille et chacun d'un seul morceau. Aucun joint ne sera admis dans ces différentes parties. Toute pierre écornée ou épaufrée sera remplacée immédiatement.

Les briques auront $0^m,22 \times 0^m,11 \times 0^m,55$; elles seront posées sur mortier de chaux grasse; la maçonnerie ainsi faite pour les encadrements de portes et fenêtres, et la gaîne de cheminée à la sortie du comble sera apparente. Ce briquetage sera soigneusement appareillé; les joints seront très réguliers et leur épaisseur ne devra pas dépasser $0^m,008$. Le rejointoiement sera fait avec soin; l'intérieur de la cheminée sera enduit en mortier au fur et à mesure de son montage.

La cloison de distribution à l'intérieur sera montée en briques de $0^m,11$ en forme de pied-de-biche, se harpant dans le mur et supportant une traverse en chêne de $0^m,08 \times 0^m,11$ avec tablette également en chêne au-dessus; la traverse sera lardée de clous pour faciliter l'adhérence du mortier; on placera un carillon en fer de $0^m,20$ pour supporter une planche d'abattue. Le rumfort sera en briques; toutes les faces de cette cheminée seront enduites en mortier lissé.

Éviers. — Les éviers seront en poterie; ils auront $0^m,70$ de long sur $0^m,45$ de large avec tuyaux en plomb et bonde en cuivre pour l'écoulement des eaux. Sur les murs au-dessus de l'évier et sur deux sens de son développement on posera des carreaux en faïence de $0^m,11 \times 0^m,11$ sur 3 rangs de hauteur.

Plafonds. — Les plafonds seront en plâtre pur sur un bon lattis en chêne d'au moins $0^m,007$ d'épaisseur espacé de $0^m,01$. L'épaisseur de ce plafond sera de $0^m,02$.

Carrelage. — Les carreaux du foyer de la cheminée seront posés à bain de mortier bâtard.

Charpente. — Toutes les charpentes du comble et les poteaux d'huisserie seront exécutés en chêne et sapin du Nord ou des Vosges; les assemblages soigneusement faits, embrevés et chevillés; les moises consolidées par des boulons de $0^m,02$ de diamètre.

Les solives supportant les soliveaux du faux plancher seront en chêne ainsi que les deux moises formant l'entrait des fermes.

Les dimensions des bois seront données par les dessins d'exécution.

Couverture. — La couverture sera faite d'après les indications stipulées au devis et avec le plus grand soin, toute gouttière restant à la charge de l'entrepreneur qui doit à tout prix et par tous moyens en garantir l'édifice.

Menuiserie. — Elle sera toute exécutée en

chêne et sapin du Nord ou des Vosges, choisis de première qualité, ayant au moins deux ans de coupe. Elle sera parfaitement travaillée, finie, sans défaut. Les assemblages seront pleins, corrects, proprement coupés et chevillés avec soin.

Les portes d'entrées seront vitrées au besoin, et en chêne et sapin avec volet en sapin rainé. Les portes intérieures seront en sapin et à panneaux. Les chambranles seront figurés au moyen de moulures posées sur les huisseries.

Les croisées en chêne s'ouvriront à noix et gueule-de-loup avec jet d'eau et pièce d'appui.

Les volets en sapin de $0^m,027$ rainés, collés et barrés chêne avec bracon. Dans les cuisines, les tablettes d'angles seront posées en deux sens, en sapin de $0^m,027$ sur $0^m,32$, sur tassements et potences en chêne. Ces tablettes seront posées à $1^m,90$ au-dessus du parquet. Au-dessous de cette tablette et dans la même longueur, on placera un cours de barres à casseroles en sapin de $0^m,027 \times 0^m,11$ avec rives chanfreinées et un cours de feuilles de $0^m,15$ sur $0^m,22$.

Toutes ces menuiseries seront maintenues au moyen de clous avec trous tamponnés.

Les plinthes en sapin ou peuplier auront $0^m,015$ sur $0^m,11$; elles seront posées au pourtour des pièces et sur les côtés des jambages de cheminée.

Les planches du rez-de-chaussée seront en sapin rainé de $0^m,20$ de large posées sur lambourdes en chêne brut de $0^m,08 \times 0^m,11$ scellées dans les murs à leurs extrémités et supportées au milieu par une murette en maçonnerie.

Les planchers de l'étage seront en sapin posé à l'anglaise en lames de $0^m,10$ de largeur, bien nivelées et repassées après l'exécution.

Les sièges d'aisance sont en chêne de $0^m,034$ d'épaisseur, rainé, collé, paramenté au-dessus et barré avec trou percé de $0^m,30$ de diamètre adouci sur les rives. Ces sièges seront placés directement sur les traverses d'assemblage afin de pouvoir être enlevés à volonté.

Serrurerie. — Des instructions spéciales seront données à ce sujet, lorsqu'il s'agira de poser la serrurerie; il faudra au surplus se conformer aux modèles et types déposés au bureau de la section.

Les orifices des ventouses de cave seront garnis de grilles en fonte à quadrillage losangé de $0^m,15 \times 0^m,10$ scellées dans la maçonnerie.

Peinture et vitrerie. — On ne commencera les peintures qu'après la réception sur place des menuiseries.

A l'intérieur, les menuiseries seront peintes à 3 couches à l'huile, après avoir été égrenées, époussetées et rebouchées avec soin.

Les saillies de combles apparentes à l'extérieur seront peintes à l'huile à 2 couches, ton de bois.

Les plafonds seront, au besoin, égrenés, rebouchés, puis peints à la colle à 2 couches. Dans les cuisines et les chambres ordinaires, les faces de murs à l'intérieur sont égrenées, époussetées, et recevront ensuite deux couches de badigeon à la chaux et à l'alun, avec addition de teinte au choix de l'administration. Les salles d'attente auront leurs murs dressés à la règle, égrenés, rebouchés avec soin, puis peints à l'huile à 2 couches avec filets, et rechampissage conforme aux ordres qui seront donnés en cours d'exécution.

La première couche de peinture sur les menuiseries, dite d'impression, doit être très claire, composée principalement d'essence, d'huile et de très peu de peinture pour qu'elle puisse bien pénétrer dans les pores du bois. La deuxième couche sera plus épaisse que la première et la troisième que la deuxième.

Pour l'extérieur, il ne faudra dans les teintes blanches n'employer que le blanc de céruse; le blanc de zinc noircit en très peu de temps.

Il arrive fréquemment que l'entrepreneur sous-traite son travail de peinture à un tâcheron, qui, lui-même, le sous-traite encore à un autre. Les prix deviennent alors tellement dérisoires que le dernier sous-traitant, pour y gagner sa vie, est obligé d'employer des moyens frauduleux. Ces moyens consistent surtout à remplacer l'essence et l'huile de lin par une lessive de savon noir. Faite dans ces conditions, la peinture ne tient que le temps nécessaire à sa réception. Pour éviter ces désagréments, il faut tenir la main à ce que l'entrepreneur fasse faire directement ses travaux de peinture par des ouvriers du pays connus par leur moralité et leur honnêteté.

Le verre à employer sera blanc, simple, dit d'Alsace, 1ᵉʳ choix, sans grains ni soufflures et très blanc.

Puits. — Les puits auront jusqu'au solide 1ᵐ,50 de diamètre et le revêtement sera construit en briques, ou 1ᵐ,70 de diamètre et construit en moellons durs non gélifs, hourdés comme pour la brique en mortier de chaux hydraulique et sable du pays ; le parement intérieur sera jointoyé et le parement extérieur au-dessus du sol, recouvert d'un crépi. Les puits ainsi maçonnés n'auront plus qu'un diamètre de 1 mètre, et dans la craie ou la pierre jusqu'à 2 mètres ; ce diamètre, sous les plus basses eaux, se continuera sans revêtement en maçonnerie. Les margelles seront en pierre de taille. Cette margelle sera exécutée en morceaux d'égale longueur avec joints en boutonnière, recouverts de 0ᵐ,05 de saillie.

Le dessus de cette margelle devra se trouver à $0^m,80$ au-dessus du niveau du sol.

Des rouets en chêne composés de deux madriers, chacun de $0^m,055$ d'épaisseur et à joints chevauchés, seront posés dans les puits et la maçonnerie en pierre sèche posée dessus.

MATÉRIEL FIXE

——

1° SERVICE DES MAGASINS

Livre-journal. — Les gardes-magasins auront un livre-journal sur lequel ils inscriront les entrées et les sorties du matériel, à mesure qu'elles se produiront, par ordre chronologique, sans lacune et sans classification.

Les entrées seront inscrites sur la page de gauche, les sorties sur la page de droite.

Chaque fois que l'agent aura à enregistrer une entrée, il en préviendra l'ingénieur du matériel en lui adressant un avis de réception ou son procès-verbal, suivant le cas. Lorsqu'au contraire, il aura à enregistrer une sortie, il le préviendra en lui adressant un avis d'expédition ou un procès-verbal de livraison.

Livre d'inventaire. — Les gardes-magasins devront, chaque mois, procéder à un inventaire; ils en inscriront les résultats sur un registre spécial, et ils en enverront copie à l'ingénieur du matériel sur un imprimé qui leur sera remis à cet effet.

Ils devront également lui adresser chaque semaine une feuille récapitulative des entrées et sorties des divers matériaux.

Livraisons. — Le garde ne devra rien livrer
sans un ordre écrit des agents ayant qualité pour
le donner et désignés à cet effet. Il sera toujours
dressé en double expédition un procès-verbal de
livraison signé contradictoirement.

L'un de ces procès-verbaux restera entre les
mains de la partie prenante et l'autre sera envoyé
immédiatement à l'ingénieur du matériel.

Tenue du magasin. — Le magasin devra
être parfaitement clos ; une guérite sera mise à la
disposition du garde et il devra y coucher.

Le matériel sera parfaitement empilé par provenance et par nature d'objets.

Des fiches ou étiquettes en bois, indiqueront le
nombre des pièces contenues dans chaque tas et
leur provenance.

Il est recommandé aux gardes d'apporter les
plus grands soins à la tenue de leurs magasins et
à la régularité des écritures à faire jour par jour,
de manière à ne laisser aucun compte arriéré et
avoir toujours par leurs livres la représentation
exacte de ce qui existe dans le dépôt.

C'est de leur régularité que dépendra la facilité
du service, l'exactitude du mouvement et des in-

ventaires pour lesquels on ne saurait apporter trop de soin.

Les gardes-magasins seront placés sous la surveillance et la direction des chefs de section qui devront veiller à la bonne tenue du magasin et à la régularité des écritures.

Les traverses destinées à la pose des voies seront conduites par le fournisseur, dans les dépôts ou magasins échelonnés le long des lignes en construction.

Les traverses reçues seront poinçonnées et empilées, aux frais du fournisseur, en séparant les joints des intermédiaires ; les traverses rebutées seront mises de côté pour être reprises par le fournisseur conformément aux termes de son marché.

Le chef du service des bois veillera attentivement à la conservation des traverses ; il fera poser des S qui lui seront fournis par les magasins et exceptionnellement des boulons à toutes les traverses qui menaceraient de se fendre. On préservera au besoin les traverses de l'action du soleil en les abritant sous des paillassons grossièrement exécutés sur place. Il sera responsable des quantités de traverses portées sur ses procès-verbaux, et ne les livrera aux entrepreneurs de pose de voie, que lorsqu'il y sera régulièrement autorisé par un bon émanant directement de l'ingénieur des travaux.

2° DÉSIGNATIONS GÉNÉRALES

Le matériel fixe, pour lequel un ouvrage spécial est nécessaire, comprend un grand nombre d'articles dont les principaux, en dehors des objets composant la voie, sont les suivants :

1° Les fers des ponts métalliques ;

2° Les croisements ;

3° Les ponts tournants pour machines ;

4° Les barrières roulantes ;

5° Les plaques tournantes ;

6° Les grues de chargement ;

7° Les grues hydrauliques ;

8° Les gabarits de chargement ;

9° Les appareils télégraphiques ;

10° Les mâts-signaux ou disques ;

11° Les ponts à bascule ;

12° Les heurtoirs ;

13° Les pompes d'alimentation ;

14° Les arrêts mobiles ;

15° Les arrêts fixes ;

16° Les poteaux de pentes et rampes, et les poteaux kilométriques, etc., etc.

Nous nous contenterons dans cet ouvrage de parler des objets qui font spécialement corps avec la voie et qu'il faut poser en même temps qu'elle. Ce sont :

Les fers des ponts métalliques, les croisements, les plaques tournantes, les mâts signaux ou disques et les barrières roulantes.

Les autres articles du matériel fixe peuvent se poser ensuite et même pendant les premiers jours de la mise en exploitation.

3° PONTS MÉTALLIQUES

Les fers des ponts métalliques sont fournis par des maisons spéciales avec lesquelles on a traité de la fourniture et de la pose. Des plans dressés par les ingénieurs ont été remis aux usines et exécutés sous la surveillance de contrôleurs spéciaux et les fers arrivent à pied-d'œuvre tout prêts à être ajustés et posés sans qu'il soit besoin d'avoir préparé autre chose que l'entaille des sabots dans les sommiers.

Toutefois, il est nécessaire de connaître d'une façon moins sommaire ce qui compose la partie métallique d'un pont, et pour cela il faut entrer dans les détails suivants :

Pour le passage d'une voie sur un pont il faut quatre poutres principales assemblées entre elles et aux garde-corps par des entretoises également métalliques.

Là hauteur et l'épaisseur des poutres dépendent de l'ouverture de l'ouvrage.

Pont de 2 mètres d'ouverture. — Pour un pont de 1 à 2 mètres d'ouverture, des poutres de $0^m,20$ de tombée et $0^m,012$ d'épaisseur sont suffisantes, et trois cours d'entretoises de $0^m,12$ de hauteur sur $0^m,009$ d'épaisseur suffisent pour conserver l'écartement. Deux des poutres principales, dont les patins ont 13 centimètres de largeur, sont posées sous chaque rail avec un intervalle de $0^m,30$ à $0^m,32$ de l'une à l'autre et d'axe en axe. Cet intervalle est rempli par une pièce de chêne bien goudronnée et boulonnée à chaque extrémité, et au milieu, aux poutres en fer, dont elle a la longueur. C'est sur cette pièce de bois et sur son axe que se pose le rail de la voie.

Les entretoises, aux extrémités des poutres, doivent êtres posées de façon à servir de garde-grèves.

Pour tous les petits ouvrages, il n'est employé que des fers à double T, tant pour les pièces principales que pour les fers d'entretoises.

Pour les ouvrages de grande ouverture, on emploie pour poutres principales des fers droits appelés âmes, sur les extrémités desquels on rive des fers cornières et les patins.

Plusieurs constructeurs assemblent deux lames ensemble pour former l'âme de la pièce, et rivent les cornières et les patins comme il est dit ci-dessus.

Pont de 3 mètres d'ouverture. — Un pont métallique de 3 mètres d'ouverture aura ses poutres principales de $0^m,26$ de tombée et $0^m,012$ d'épaisseur, la largeur des patins sera de $0^m,13$. Le nombre des entretoises sera de 4, en fer double T de $0^m,12$ de hauteur et $0^m,009$ d'épaisseur et $0^m,085$ de patin.

Pont de 4 mètres d'ouverture. — Pour un pont de 4 mètres d'ouverture, les poutres principales auront $0^m,28$ sur $0^m,012$, d'épaisseur et $0^m,13$ de patin. 5 cours d'entretoises semblables à celles du pont de 3 mètres.

Pont de 5 mètres d'ouverture. — Pour un pont de 5 mètres, les poutres principales peuvent avoir $0^m,30$ de hauteur sur $0^m,012$ d'épaisseur avec patin de $0^m,13$ de largeur.

Les entretoises seront au nombre de 6, et semblables à celles des ponts de 3 et 4 mètres.

La pièce de bois assemblée avec et entre les poutres principales, n'aura que $0^m,18$ d'épaisseur, de façon que les rails posés sur le dessus du champignon, affleurent avec le dessus des poutres.

Pont de 6 mètres d'ouverture. — Pour un pont de 6 mètres, les poutres auront $0^m,33$ de hauteur, y compris l'épaisseur des patins, sur $0^m,012$;

l'âme sera distincte des cornières et des patins as-
semblés à ses extrémités, les fers cornières auront
$0^m,07$ de côté, les patins $0^m,15$ de large sur $0^m,018$
de tombée. 7 travées d'entretoises seront posées;
elles auront $0^m,20$ de hauteur. L'écartement des poutres principales pourra être maintenu au moyen
de petites poutres en fer double T de $0^m,10$ de hauteur, sur lesquelles on boulonnera les poutres devant supporter les rails.

Pour les ouvrages d'une ouverture supérieure
à 6 mètres, il convient, par raison d'économie, de
changer le mode de construction, et au lieu de
4 poutres principales, 2 plus hautes suffisent ; elles
sont placées à chaque tête de l'ouvrage à $1^m,35$ environ du nu du mur et assemblées entre elles par
des longueurs de poutres transversales bien moins
fortes, sur lesquelles on pose des longrines en bois
destinées à recevoir les rails. Mais sous ces longrines en bois sont également posées des longrines
en fer à double T, destinées à donner plus de solidité à la voie. Le dessus du rail doit être de niveau
avec le dessus des deux poutres principales.

Pont de 7 mètres d'ouverture. — Pour
un pont de 7 mètres, les poutres principales auront
$0^m,48$ de tombée, y compris l'épaisseur des patins,
l'âme $0^m,010$ d'épaisseur, les cornières, $0^m,09$ de
branches d'équerre, et les patins $0^m,23$ de large sur

$0^m,02$ d'épaisseur. Les pièces d'assemblage $0^m,24$ sur $0^m,007$ d'épaisseur avec fers cornières de $0^m,07$ seulement de longueur de branches.

Les pièces d'assemblage comprenant les garde-grèves, seront placées de mètre en mètre à tous les ponts, quelle que soit leur ouverture.

Les longrines sous rails auront $0^m,16$ de hauteur sur $0^m,012$ de large.

Pont de 8 mètres d'ouverture. — Pour un pont de 8 mètres d'ouverture les deux poutres principales auront $0^m,62$ sur $0^m,010$, les poutres d'assemblage, $0^m,31$ sur $0^m,007$, les cornières et les patins comme précédemment, les longrines sous rails, $0^m,29$ de hauteur sur $0^m,012$.

Pont de 9 mètres. — Un pont de 9 mètres d'ouverture aura les poutres principales de $0^m,74$ de haut sur $0^m,010$ d'épaisseur ; les poutres d'assemblage, $0^m,37$ de tombée sur $0^m,007$ de largeur, les cornières et les patins comme au pont de 7 mètres, les longrines sous rails; $0^m,24$ de hauteur sur $0^m,012$.

Pont de 10 mètres.— Un pont de 10 mètres d'ouverture aura des poutres principales de $0^m,88$ sur $0^m,010$; les pièces d'assemblage de $0^m,44$ sur $0^m,007$, les longrines sous rails de $0^m,27$ sur $0^m,012$.

Pont de 11 mètres. — Pour un pont de 11 mètres, les poutres principales auront 1 mètre de tombée sur 0^m,010, les poutres d'assemblage, 0^m,50 sur 0^m,007, et les longrines sous rails, 0^m,31 sûr 0^m,012.

Pont de 12 mètres. — Enfin un pont de 12 mètres d'ouverture aura ses poutres de 1^m,13 sur 0^m,010, les poutres d'assemblage, 0^m,56 sur 0^m,007, et les longrines sous rails, 0^m,40 sur 0^m,012.

Ces données sont les plus en usage, et nous arrêterons à ce point la nomenclature. Au-dessus des ponts de 12 mètres d'ouverture, on tombe dans des spécialités qu'il n'est pas possible d'expliquer sans joindre des plans à l'appui. Ce sera l'objet d'un ouvrage spécial.

Ponts pour routes et chemins. — Pour les routes ou chemins de grande communication, sur lesquels la charge qui doit y passer est bien moins forte que celle d'un train, les fers à employer, tout en étant posés de la même façon que pour les ponts de 7 à 12 mètres d'ouverture, doivent être de dimensions beaucoup moindres. Elles peuvent être réduites d'un huitième pour les deux poutres principales, et de un quart pour les poutres d'assemblage, pour ce qui concerne la hauteur seulement; les longrines seront remplacées par des poutrelles de faibles dimensions, espacées tous les 2 mètres et destinées principalement à conserver l'écartement entre les poutres. On peut, au besoin, se contenter de tringles en fer rond de

0^m,03 de diamètre et voûter en maçonnerie de briques l'espace compris entre chaque poutre.

4° CROISEMENTS

Pour ce qui concerne les croisements à trois voies ou à deux, chaque compagnie a son genre spécial, et il faudrait citer trop d'exemples pour les avoir tous. Il suffit de savoir que des plans, très détaillés et très complets, sont toujours fournis, au moment de la pose, par l'ingénieur chargé de ce service spécial, et qu'il n'y a absolument qu'à s'y conformer pour l'exécution de la pose.

Quelquefois, il sera bon, surtout pour les croisements extrêmes posés sur la ligne directe, de faire jouer un peu, en avant et en arrière, l'emplacement indiqué sur le plan d'ensemble pour éviter de couper les rails de la voie qui viennent se raccorder avec les croisements.

5° POSE DES PLAQUES TOURNANTES

La pose des plaques tournantes exige des soins particuliers, afin d'éviter les tassements et même les ruptures qui peuvent se produire en service, surtout lorsque ces plaques sont établies sur des voies accessibles aux machines. On devra donc se conformer exactement aux dispositions suivantes qui ont déjà donné de bons résultats:

On creusera dans l'emplacement de la plaque une fouille dont la profondeur au-dessus de la partie fixe de la plaque sera de $0^m,75$ dans les parties en remblai et de $0^m,50$ dans les parties en déblai ordinaire, et qui dépassera le bord extérieur de la plaque de $0^m,50$ tout à l'entour.

Cette fouille sera ensuite remplie, sur $0^m,60$ dans le premier cas et sur $0^m,35$ dans le second, de couches successives de $0^m,08$ à $0^m,10$ de pierres cassées, parfaitement pilonées, puis sur chaque couche, on répandra une couche de sable de $0^m,03$ qui sera arrosée à grande eau et pilonée jusqu'à ce qu'elle ait pénétré dans les vides de la pierre cassée.

Par-dessus cette première fondation, on placera une couche de sable de $0^m,15$ qui sera arrosée à grande eau et fortement pilonée, jusqu'à ce qu'elle forme une aire parfaitement ferme et unie, sur laquelle en posera la partie fixe de la plaque tournante, en ayant soin de dresser parfaitement toutes les surfaces de pose, de manière que toutes les parties de la plaque reposent également bien sur le sable.

Pour les parties en rocher, la fouille aura seulement $0^m,25$ de profondeur au-dessus de la partie fixe de la plaque ; son fond sera dressé avec soin, et elle sera remplie seulement de sable, bien arrosé et bien piloné. Après avoir bien assis la partie fixe de la plaque et boulonné la cuve d'enceinte, on pilonera tout autour des couches successives de pierres cassées et de sable comme il a été dit plus haut, en ayant soin de ne pas mettre de sable autour des boulons, et d'y placer au contraire quelques fragments de pierres disposées de manière à empêcher le sable des couches supérieures d'arriver jusqu'à ces boulons.

Le sable employé pour ce travail devra être parfaitement purgé de matières terreuses.

Dans les terrains humides où il est nécessaire d'établir un drainage de plate-forme, les fondations de chaque file de plaques seront asséchées au moyen d'un drain posé dans l'axe de cette file de plaques à $0^m,10$ de profondeur minima, réglé avec pente convenable, et débouchant, soit dans le collecteur le plus rapproché, soit sur un point où le remblai présentera une hauteur suffisante.

Le mode de fondations décrit plus haut s'appliquera également à toutes les plaques tournantes ; et pour celles sur lesquelles devront passer les machines, on établira en outre deux madriers en chêne dirigés dans le sens de la voie parcourue par les machines ; ces madriers auront $0^m,30$ de largeur et $0^m,08$ d'épaisseur et dépasseront la cuve de $0^m,50$; ils seront posés exactement dans l'aplomb des rails et seront noyés dans la couche de sable sur laquelle repose la cuve d'enceinte ; à cet effet, on réglera d'abord cette couche à $0^m,08$ en contre-bas de la fondation; on posera les madriers et l'on complétera ensuite la couche de sable en la réglant parfaitement au même niveau que la surface des madriers.

Le montage de la plaque sera fait avec le plus grand soin, les boulons et écrous seront bien graissés avant la pose, ainsi que le pivot et les axes des galets.

Ces instructions s'appliquent à la pose définitive des plaques ; pour les poses provisoires, prendre seulement les précautions nécessaires pour empêcher des tassements trop inégaux de se produire et pour faire écouler l'eau des cannelages.

NOTE POUR AIDER A LA RECONNAISSANCE DES PIÈCES
ET A LEUR MISE EN PLACE

CUVE.

Les segments sont marqués au ventre, côté extérieur, d'un chiffre qui est celui de la plaque.

Les segments placés verticalement ont à l'angle de chaque joint, sur la face horizontale, un numéro de raccord, commençant par 1 et finissant au 8e segment par le n° 8; c'est l'ordre dans lequel ils devront être placés.

A hauteur de chaque patin (partie inférieure), un numéro spécial correspondant à un même numéro des bras rayonnants du croisillon qui doivent être boulonnés en ce point.

Les numéros des segments sont répétés sur les pièces du parquet, afin qu'elles retournent à la place qui a été ajustée. Le numéro de la plaque est buriné à la face interne de ces mêmes pièces.

PLATEAU MOBILE.

Les deux parties du disque sont séparées; chacune d'elles conserve les rails boulonnés à l'exception de deux pièces dont la place est à cheval sur les parties du disque.

Ces bouts de rails ont le numéro de la plaque buriné sur la partie supérieure du champignon, et vers le centre ils sont joints ensemble par boulons.

La couronne a, en relief, le numéro de la plaque et le nom du constructeur.

Les valets sont numérotés ainsi que leur place à la cuve et au plateau mobile.

PLAT. FIXE. Les deux parties du croisillon sont séparées. Les patins, à l'extrémité des bras, portent un numéro correspondant à celui des segments de cuve avec lesquels ils doivent être boulonnés.

Les boulons d'assemblage et autres petites pièces sont renfermés dans une caisse spéciale portant en gros caractères le numéro de la plaque.

La reconnaissance de ces pièces se fera comme suit :

	Diamètre.	Largeur.	Tête.
CUVE. 24 boulons d'assemblage de segments	0.022	0.110	0.015
16 boulons d'assemblage avec le croisillon........................	0.022	0.110	0.022
PLATEAU MOBILE. 24 boulons d'assemblage de rails...	0.020	0.100	0.018
4 boulons de suspension de pivot..	0.035	0.200	à ergot. conique.
2 axes de valet....................	0.020	0.305	0.020
4 éclisses.			
20 boulons d'éclissage	0.020	0.135	0.025
12 boulons pour l'assemblage des bras...........................	0.020	0.175	0.025
2 boulons pour l'assemblage des bras...........................	0.030	0.165	0.030
2 crampons pour l'enlèvement du pivot.			
PLATEAU FIXE. 4 boulons d'assemblage du moyeu.	0.025	0.300	0.020
2 éclisses.			
4 boulons d'assemblage du moyeu filetés aux extrémités .			
12 boulons d'éclissage	0.020	0.175	0.025
2 boulons d'assemblage des oreilles.	0,030	0.165	0.030

Pièces de manœuvre.

	Diamètre.	Largeur.	Tête.
1 collier central ou collerette.			
10 tringles de galets.			
10 boulons faisant les tringles.........	0.018	0.072	0.012 à ergot.
1 cercle externe de galets en 5 pièces.			
10 boulons d'assemblage du cercle externe	0.018	0.080	0.018
2 valets.			
1 axe au pivot arrière, à sa partie inférieure.			
1 crapaudine en cuivre.			
1 godet ou entonnoir en cuivre.			
1 calotte en fonte couvrant le système du pivotage.			

Les pièces de manœuvre ne sont pas repérées parce qu'elles conviennent pour toutes les plaques, à l'exception des valets, qui sont numérotés ainsi que leurs plans à la cuve et au plateau mobile.

6° POSE DES MATS-SIGNAUX

Pose du mât-signal. — Les mâts-signaux devront être établis de manière à se trouver à la gauche du mécanicien demandant l'entrée de la gare.

Le mât étant monté et dressé sur son chevalet, on dirige pour la pose sur voie droite le plan des guides de la lanterne parallèlement à la voie.

En courbe, au lieu de le diriger selon la tangente à la courbe, on le dévie un peu de manière que le faisceau lumineux rencontre autant que possible la voie au milieu de la distance comprise entre le disque et le point où il commence à être visible pour les mécaniciens.

Position sur les trottoirs des leviers de manœuvre. — Les leviers de manœuvre sur les trottoirs doivent être placés de telle façon que le secteur se trouve toujours par rapport au poteau du côté de la voie et non du côté des jardins.

L'un des leviers est en amont et l'autre en aval de la station. La face du poteau supportant le levier doit donc être généralement parallèle à l'arête du trottoir.

Pose du levier de rappel. — Après avoir monté le mât-signal, on procède à la pose du levier de rappel; pour cela, on trace une ligne d'axe parallèle au plan des guides de la lanterne et on fixe le support du levier de manière à ce que le contact du levier avec son support ne se produise pas avant que le pavillon du disque n'ait été ramené dans une position perpendiculaire à l'axe de la voie.

Pose de l'appareil compensateur. — L'appareil compensateur doit être posé sensiblement au milieu de la longueur du fil de transmission. La distance de l'axe de rotation du levier de décrochage à la partie inférieure des supports des poulies doit varier avec la température de 15° ; cette distance doit être de $0^m,40$ à $0^m,42$ pour des disques éloignés de 800 à 1000 mètres ; à 0°, cette distance serait de $0^m,35$; à 30°, cette distance serait de $0^m,50$ à $0^m,52$.

Il est important que les deux moitiés du fil soient également tendues et que lorsque le disque est ouvert ou fermé, le levier de décrochage se tienne le plus verticalement possible, sans quoi, le contrepoids compensateur pourrait se décrocher dans une manœuvre faite un peu brusquement. Le poids ou contrepoids pourra être augmenté à l'aide de rondelles en fonte, suivant que les résistances à vaincre sont plus ou moins puissantes, mais il n'est guère possible de fixer une règle à cet égard ; il est préférable d'opérer par tâtonnement pour obtenir la tension du fil par le moyen du contrepoids.

Pose de la transmission. — On doit apporter le plus grand soin à ce travail ; le moindre frottement contre un obstacle, la moindre déviation du fil sur les poulies opposent une grande résistance au mouvement du disque.

On commence par jalonner la transmission, puis on pose les piquets suivant la ligne ainsi déterminée en les espaçant de 15 à 18 mètres.

En ligne droite, on n'emploie que des poulies verticales ; dans les courbes de 300 à 600 mètres, on n'emploie que des poulies horizontales. Dans les courbes de 600 à 900 mètres de rayon, on alterne les poulies horizontales et verticales. Dans les courbes au-dessus de 900 mètres et au-dessous de 3,000 mètres on n'emploie qu'une poulie horizontale pour deux poulies verticales.

Au-dessus de 3,000 mètres de rayon, on n'emploie que des poulies verticales.

Les poulies doubles-verticales sont employées lorsque le fil change brusquement d'inclinaison.

Les piquets devront dépasser le sol après leur enfoncement de $0^m,30$ à $0^m,40$; on étendra le fil à terre le long de ces piquets, puis on le placera sur les poulies.

Cela fait, on tendra le fil sous une pression de 100 kilogrammes, puis on opérera à l'aide d'un tasseau en bois et d'un marteau, le redressement des jarrets qui se seraient produits.

On fera les ligatures et les jonctions avec les chaînes aux joints spéciaux et on réglera les contrepoids, puis on fera fonctionner l'appareil. Il faudra alors observer si les plans des gorges des poulies sont bien orientés suivant la transmission et examiner si les poulies horizontales ne tendent pas à se soulever de leurs axes.

La première moitié du fil comprise entre le levier de manœuvre et l'appareil compensateur se trouve naturellement tendue par le contrepoids; mais il arrive que parfois on éprouve quelques difficultés à tendre le fil dans la partie comprise entre le mât et l'appareil compensateur. Pour y arriver on place le levier de manœuvre dans la position de voie fermée et après s'être assuré que l'axe du levier de décrochage est bien placé, on le ramène à la position de voie ouverte. On installe alors auprès du disque un palan, le levier de rappel étant calé dans la position de voie ouverte. On tend le fil en agissant graduellement et lentement sur le palan; on s'arrête aussitôt qu'un homme placé à l'appareil compensateur fait signe que le contrepoids commence à se soulever.

On accroche alors au moyen d'un S la chaîne à la chape du levier du mât, ce levier étant dans la position du disque ouvert, et on enlève le palan. On détermine ensuite la longueur de la chaîne qui doit relier le levier du mât au levier de rappel, et on attache cette chaîne au moyen de deux S. On veillera à ce que ces S soient fermés, lorsqu'on se sera assuré que le disque et la transmission fonctionnent bien.

Transmissions souterraines. — Pour les traversées de voies ou de passages à niveau, on se servira de tuyaux en terre cuite de 12 à 15 centimètres de diamètre ; ces tuyaux devront être recouverts sous les passages à niveau de 0ᵐ,35 à 0ᵐ,40 de terre au minimum sous la voie, on devra les placer entre l'espacement laissé par deux traverses ; ils devront être recouverts de 0ᵐ,15 à 0ᵐ,16 de ballast.

On évitera les ligatures du fil dans les transmissions souterraines et on veillera à ce que le fil ne frotte pas contre les parois des tuyaux aux extrémités.

Lorsque les traversées souterraines auront plus de 8 à 10 mètres de longueur, on remplacera les tuyaux en terre cuite par des auges ou caisses en bois ; on pourra alors incliner légèrement ces caisses et placer intérieurement des poulies doubles-verticales.

Poulie de renvoi. — Les poulies de renvoi se montent sur un bâti composé de deux bois formant croix. Elles doivent être placées toutes les fois que l'angle de déviation dépasse 8° ; lorsque les deux directions du fil forment entre elles un angle de 90° et au-dessus, on n'emploie qu'une seule poulie ; si l'angle est inférieur à 90° il vaut mieux en employer deux. Le fil est interrompu à l'endroit de chaque poulie de renvoi et remplacé par une chaîne de 2 à 3 mètres de longueur.

7° BARRIÈRES ROULANTES

Actuellement l'emploi des barrières roulantes se généralise.

Plusieurs compagnies changent même leur ancien système de porte à claire-voie s'ouvrant à un et deux battants pour ce système plus simple et qui nécessite si peu de frais d'entretien.

La pose en est très facile et le plan de détails qui est donné par l'ingénieur au moment de la pose est bien suffisant pour assurer une bonne exécution.

Il sera nécessaire, toutefois, de prendre quelques mesures de sûreté pour la pose des poteaux, car c'est de cette pose que dépend le bon fonctionnement de l'appareil.

Si le passage à niveau est en remblai, par exemple, il ne faudrait pas se contenter de faire les trous et d'y poser les poteaux, car il est à présumer que le tassement des terres ne s'est pas encore complètement opéré et tout porte à croire que si la pose se fait dans ces conditions, sous peu les poteaux n'auront plus leur aplomb et que la barrière ne fonctionnera pas bien.

Il faut dans ce cas fortement damer le fond de la fouille en glissant sous la dame des pavés ou pierres qui feront corps avec la terre et formeront une surface bien plane et d'une solidité de tout repos.

Dans d'autres circonstances, au passage des

prairies surtout, si le sol marécageux ne permet pas non plus d'asseoir sûrement le trépied du poteau, il convient alors d'enfoncer sous chaque about du trépied et à l'emplacement de l'axe du poteau de gros piquets de chêne dont la longueur varie suivant l'épaisseur de la couche tourbeuse du sol.

Il faut aussi damer avec soin, au pourtour du poteau, la terre que l'on rejette dans le trou au fur et à mesure de son réemploi.

En somme, il ne faut pas perdre de vue que le bon fonctionnement de la barrière roulante dépend de la pose des poteaux; il faut qu'ils soient solidement assis et bien d'aplomb.

Une barrière roulante comprend les objets suivants :

DÉSIGNATION DES PIÈCES	Barrière de 4 mètres.	Barrière de 5 mètres.	Barrière de 6 mètres.	Barrière de 7 mètres.	Barrière de 8 mètres.	Barrière de 9 mètres
Corps de barrière........	1	1	1	1	1	1
Portillon................	1	1	1	1	1	1
Appareil de fourniture....	1	1	1	1	1	1
Chapeaux-guides	2	2	3	3	3	4
Crapaudines.............	1	1	1	1	1	1
Gond supérieur..........	1	1	1	1	1	1
Rails...................	2	2	2	2	2	2
Petites vis..............	16	16	20	20	20	24
Poteaux................	3	3	4	4	4	5
Grandes vis.............	»	»	»	»	»	»
Piquet de portillons	1	1	1	1	1	1
Buttoir.................	1	1	1	1	1	1
Boulons................	2	2	2	2	2	2

10

Le garde-magasin devra faire en sorte que le chemin de roulement ait une longueur totale double de la longueur de la barrière.

8° TÉLÉGRAPHE

Le télégraphe se pose en même temps que la voie et les ballastages, mais ce sont les employés de l'État qui sont chargés de ce soin, de concert avec un contrôleur spécial nommé par la compagnie. Les plus petites lignes ont deux fils, un, le plus élevé, au service de l'État, l'autre au service de la compagnie.

Il convient, pour terminer le chapitre du matériel fixe, de donner les poids et le prix approximatif des objets généralement employés.

9° POIDS APPROXIMATIFS DES PRINCIPAUX OBJETS DU MATÉRIEL FIXE

Plaque tournante de 5ᵐ,60 de diamètre...	11,100 kilogr.
— 5 ,00 — ...	10,600
— 4 ,40 — ...	9,850
— 4 ,20 — ...	7,350
Un disque-signal avec ses accessoires....	700
Gabarit de chargement en bois..........	840
Gabarit de chargement métallique........	1,500

Grue de chargement de 10 tonnes à pivot
fixe.. 8,668 kilogr.
Grue roulante à chariot de 12 tonnes..... 7,800
Arrêt mobile.............................. 230
Un mètre courant de rails 36

10° PRIX MOYENS DE DIVERS OBJETS DU MATÉRIEL FIXE ET ROULANT

1° Rails et matériaux de la voie.

		fr.	c.
— Un mètre courant de rails		9 fr.	10 c.
Coussinets en fonte, la pièce......		1	40
Coussinets en fonte n° 6,	la pièce.	5	15
Coussinets n° 5,	id.	7	10
— n°ˢ 1-2,	id.	2	55
— n°ˢ 3-6,	id.	5	55
— n° 12,	id.	5	40
— n° 13,	id.	4	50
Éclisses unies,	id.	1	40
Éclisses cannelées,	id.	1	10
Chevillettes,	id.	0	15
Boulons d'éclisses,	id.	0	20
Contre-rail de 5ᵐ,50,	id.	54	25
Traverses en bois de pin, injectées,	id.	3	65
— de chêne,	id.	5	25
Coins,	id.	0	10
Éclisses longues unies,	id.	1	30
Boulon Barlow,	id.	0	20
Cales de joint,	id.	0	10
Un mètre courant de voie................		30	»
Rondelles pour boulons d'éclisses		0	95

Éclisses cannelées Leclerc...............	1 fr.	05 c.
Rails de la Teste (20ᵏ par mètre), le kilogr.	0	15
Coussinets de la Teste.................	0	75
Chevillettes —	0	10
Coins —	0	10

2° Changements de voie. — Un

changement à 2 voies	1,800	»
Un changement à 3 voies	4,000	»
— à 2 voies, aiguille d'acier.	1,733	90
— à 2 voies, aiguille en fer..	1,640	60
— à 3 voies, aiguille d'acier.	4,215	75
Grande aiguille à 3 voies à gauche de 5ᵐ..	53	95
Petite — — ..	66	35
Aiguille à 3 voies de 4ᵐ,30.............	48	75
Aiguille à 2 voies de 5 mètres à droite...	58	80
Contre-aiguille......................	48	85
Tringle d'écartement.................	9	»
Sabot de tringle	1	05
Tige à T de tringle d'écartement........	2	30
Boulons à taquets (grands ou petits).... .	0	80
Aiguille d'acier d'un changement à 2 voies.	138	80
Pointe Brunel sur bois.................	330	05
Cœurs spéciaux sur bois	576	05
Pointe spéciale sur bois pour traversée...	252	»
Boîte de levier de manœuvre pour retour d'équerre.............................	16	05
Contre-aiguille de 5ᵐ,50 à deux V	52	»
Pattes-de-lièvres I de 3 mètres	26	60
Une pointe isolée.....................	8	20
Traversée de voie avec pointe..........	1,628	30

Fourchette.......	15 fr.	85 c.
Traversée de voie......................	936	35
Tringle d'écartement..................	13	»
Changement de voie sans croisement.....	435	»
Boulons Brunel	0	30
Boulons à taquet pour aiguille d'acier.....	1	»

3° Plaques tournantes. — Plaque

de 5ᵐ,60 de diamètre...................	5,000	»
Plaque de 5 mètres de diamètre.........	4,200	»
Plaque de 4ᵐ,20 —	3,500	»
Partie mobile de la plaque de 5ᵐ,60	1,969	80
Parquet de la plaque de 4ᵐ,20	58	»
Calotte —	3	35
Boulon de parquet —	0	05
Boulon de parquet de plaque de 5 mètres.	0	10
Parquet de plaque de 5 mètres.....	100	»
— 4ᵐ,20...............	79	20
Croisillon de plaques tournantes	7	80
Parquet de plaque de 5ᵐ,60	123	09
Plaque de 5ᵐ,60...................	4,277	95
Panneau d'entre-voie (plaque de 4ᵐ,20) ..	7	95
Couvercle de pivot de plaque	4	85
Partie mobile de plaque de 5 mètres.....	1,853	05

Panneaux de plaque de 4ᵐ,20.	Panneau du milieu....	16	55
	— d'entre-voie...	8	20
	— angulaire.....	8	30
	— —	8	20
Panneaux de plaque de 5 mètres.	Panneau du milieu.....	19	75
	— d'entre-voie. .	9	90
	— angulaire.....	9	90
	— —	9	80

Boulon de parquet....................... 0 fr. 10 c.
Galet à engrenage avec pignon pour une
plaque de 5 mètres...................... 147   55
1 treuil de plaque de 12 mètres 400   »

4° Disques. — Prix adoptés dans les
détails estimatifs :

1 disque-signal complet	606	»
1 chevalet de fondation................	43	»
1 caisse pour compensateur............	16	20
4 boulons de fondation de la colonne.....	4	65
4 boulons de fondation du levier.........	2	05
2 mètres de chaîne.....................	1	85
3 mètres de chaîne à maillons tordus.....	1	15
1 poteau de levier de manœuvre.........	11	75
1 verre rouge avec caoutchouc	2	50
45 mètres de fil de fer galvanisé à 0 fr. 70 c.	31	50
37 poulies verticales sur piquets.........	2	10
1 seule poulie verticale sur piquet.......	2	»
1 poulie horizontale sur piquet..........	2	70
— —	2	10
1 piquet..............................	1	60
1,000 mètres de fil de fer de 0m,006	146	50
100 petits piquets.....................	47	»
1 lanterne de disque..................	50	»
1 poulie de renvoi....................	8	»
1 poulie de supports	0	55
1 piquet de support...................	0	80
1 piquet pour poulie de renvoi.........	1	60
1 poulie double superposée sur piquet....	4	70
1 poulie horizontale —	2	85
1 poulie verticale —	2	20

Fil de fer de 0m,003, le mètre...................... 0 fr. 70 c.
1 conjugaison de disque....................... 464 45
1 tube en fonte pour contrepoids compensateur de disque........................... 100 »

5° Arrêts mobiles, heurtoirs. —
Heurtoir mobile .... 25 »
Arrêt mobile............................ 19 40
Heurtoir pour wagon.................... 279 20

- 6° Gabarits. — Ga- { en bois........ 225 »
barit de chargement..... { métallique...... 280 »
Gabarit métallique................... 211 85
Gabarit de sabotage.................. 42 »
Dés en pierres 21 35

7° Grues. — Grue à pivot fixe de
6 tonnes............................... 4,700 »
Grue à pivot fixe de 10 tonnes.......... 7,000 »
Grue roulante à chariot de 8 mètres de portée et de 12 tonnes. (Le treuil avec chaîne et crochet compris pour une somme de 1,660 francs)........................... 3,800 »
Grue Grondart....................... 15,000 »
Montage d'une grue à pierre .... 300 »
Galet simple pour grue à pierre......... 28 80
Roue d'engrenage à 117 dents pour treuil de grue à pierre........................ 58 20
Grue hydraulique...................... 1,389 85
Pose d'une grue hydraulique........... 48 45
Pignon de galet de grue 6 65

8° Alimentation. — Tuyaux droits

de 0^m,135..............................	21 fr.	70 c.
Manchons de 0^m,135..................	8	10
Coude au 1/4 de 0^m,135..............	10	05
Coude au 1/8 de 0^m,135..............	9	60
Coude au 1/16 de 0^m,135.............	10	15
Tuyaux droits de 0^m,135 et 2^m,50 de longueur..............................	23	85
Tuyaux droits de 0^m,108 et 2 mètres de longueur..............................	18	65
Tuyaux à T de 0^m,135 avec embranchement de 0^m,054..............................	10	75
Tuyaux à T de 0^m,108.................	11	30
Coude au quart de 0^m,054.............	7	80
Tuyaux droits à brides et cordons de 0^m,054..............................	1	15
Manchon de 0^m,054...................	2	20
Tuyaux à 2 brides de 0^m,135..........	18	45
Tuyaux droits de 0^m,054.............	7	95
Coude au 1/4 de 0^m,054..............	3	35
Coude au 1/8 de 0^m,054..............	3	15
Coude au 1/16 de 0^m,054.............	3	»
Tuyaux à T de 0^m,135................	15	25
Tuyaux à T de 0^m,054................	4	50
Coude au 1/4 de 0^m,108..............	8	05
Tuyau spécial conique de 0^m,135 à 0^m,054.	7	55
Manchon de 0^m,108	6	50
Tuyau conique de 0^m,135 à 0^m,108.......	12	30
Borne-fontaine.......................	60	15
Bouche à incendie	35	»
Clef pour bouche.....................	3	50
Brides pour prise d'eau, pour tuyau en		

fonte...	8 fr.	30 c.
Tuyaux en plomb de 0^m,041 (le décimètre courant)...	0	·75
Lanterne pour aspiration de pompe........	12	30
Bornes-fontaines. { Cuvette en pierre de taille...............	15	»
{ Pose de la borne.....	20	»
Cuve de 5 mètres de diamètre avec accessoires...................................	2,500	»
Pose de la cuve de 5 mètres.............	100	»
Rouet pour supporter la cuve (sapin et chêne).................................	550	»
Pose de conduites y compris la fourniture du plomb, d'étoupes et de bois (le mètre courant)...............................	1	70
Tuyau à T de 0^m,134 avec embranchement de 0^m,054.............................	10	80

9° Clôtures. — Piquets en bois de chêne et châtaignier de 1^m,80 de long............

Piquets en bois de chêne...	0	25
Treillage (mètre linéaire)...............	0	45
Lattes de couronnement (mètre linéaire)..	0	20
Gros piquets de clôture de 2^m,40.........	0	75
Ancres de 0^m,40.....................	0	05
Treillage de 23/78....................	0	35
Barrières roulantes de 2 mètres avec rails et accessoires...........................	161	60
Fil de fer de 0^m,002, le kilogr............	0	90
— 0^m,004 —	0	·55
Crampons, le cent.....................	1	15
Raidisseurs, la pièce..................	0	80
Clef pour raidisseur..................	2	05

Baguettes, l'une...............................	0 fr.	10 c.
Pose, comprenant transport par trains de travaux, déchargement, répandage et mise en place, le mètre courant	0	10
Lisses en pin préparé de 2ᵐ,15	0	25
Pose des lisses, y compris transport, etc.	0	20
10° Divers. — Guérite d'aiguilleur	176	95
Boulon de $^{17}/_{18}$........................	0	25
Boulon de $^{28}/_{18}$........................	0	30
Poteau kilométrique complet............	13	90
Guérite de factionnaire	51	80
Cale en fer pour pont roulant............	2	15
Clef à boulon d'éclisse................	1	65
Roue de wagonnet en fonte..............	5	20
Caisse à outils........................	31	40
Chariot roulant........................	1,550	»
Règle d'écartement graduée............	1	95
Règle à crans et à devers..............	2	80
Pont à bascule de 30 tonnes	1,550	»
Bascule de 2,000 kilogr................	240	»
Bascule de 500 kilogr	120	»
Entretien d'un pont à bascule, par an.....	30	»
Entretien d'une bascule de 2,000 kilogr. ou 500 kilogr......................	8	»
Entretien d'une balance à finance........	0	50
Passerelle pour piétons.................	7,500	»
Guérite nouveau type..................	215	85
Abri de romaine du pont à bascule.......	106	90
Roue de chariot roulant...............	13	05
Supports pour rails (la paire)	14	85
Cheminée à la prussienne............ ..	30	»

Guérite d'aiguilleur avec roulettes	213 fr.	90 c.
Poêle	14	65

11° Outils et objets divers. —

Grande pince droite....................	3	65
Clef à boulon d'éclisses	2	10
Marteau chasse-coins	6	25
Anspects	9	40
Burin plat.	1	60
Bédames	1	20
Clef à gobelet pour tire-fonds............	2	45
Marteau à main......................	3	50
Pince à pied-de-biche	7	05
Cadenas...........................	0	65
Jeu de nivelettes......................	1	»
Curette d'entre-rails........	0	75
Pince droite	5	50

12° Diverses poses. — Prix de pose de divers objets de la voie :

Pose d'un mètre courant de voie Barlow..	0	55
— de voie Brunel ..	0	50
Pose de voie Vignole, champignon, le mètre courant........................	0	65
Pose d'un changement à 2 voies........	45	»
— à 3 voies........	90	»
Ripage de voie Vignole, le mètre courant .	0	30
— champignon — ..	0	25
— Brunel — ..	0	15
— Barlow — ..	0	20
Dépose d'un changement à 2 voies......	27	»
— à 3 voies.......	50	»

Pose d'un arrêt mobile ....   5 fr. » c.

Pose d'un mètre courant de clôture en lisse, y compris le transport à pied-d'œuvre.   0   20

Pose d'un mètre courant de clôture en fil de fer, y compris le transport   0   12

Sabotage des traverses, l'une   0   15

Pose d'une grue hydraulique   48   85

Pose d'une cuve d'alimentation de 5 mètres.   100   »

Pose d'un mètre courant de conduite d'alimentation   1   70

TABLE DES MATIÈRES

Infrastructure.

Superstructure.

Clichy. — Impr. Paul Dupont, 12, rue du Bac-d'Asnières, 296. 3. 79.

CATALOGUE

DE LA

LIBRAIRIE E. BERNARD

Rue de Thorigny, 3

PARIS

PUBLICATIONS PÉRIODIQUES

Annales industrielles, par MM. FRÉDUREAU et Cᵉ (CASSAGNES, ingénieur civil, directeur). — Construction, travaux publics, génie civil, mécanique, mines, métallurgie, chimie et physique industrielle, télégraphie, agriculture, économie industrielle. — Paraissant tous les dimanches. Par an, 832 pages in-4 de texte, avec figures intercalées. — 562 pages de renseignements financiers et commerciaux. — Album de 104 planches in-folio.

PRIX, ANNÉE COURANTE : Paris...................... 30 fr.
— Départements................ 36 fr.
7 années parues, à 36 fr.

Annales du Génie civil ou recueil de mémoires sur les ponts et chaussées, les routes et chemins de fer, les constructions et la navigation maritime et fluviale, l'architecture, les mines, la métallurgie, la chimie, la physique, les arts mécaniques, l'économie industrielle et le génie rural; annales et revue descriptive de l'*industrie française et étrangère*; répertoire de toutes les inventions nouvelles, publiées par une réunion d'ingénieurs, d'architectes, de professeurs et d'anciens élèves de l'École centrale et des Écoles d'arts et métiers, avec le concours d'ingénieurs et de savants étrangers, publiées sous la direction de M. E. LACROIX ✳, ingénieur civil, membre de l'Institut royal des ingénieurs de Hollande, de la Société des ingénieurs de Hongrie, de la Société industrielle de Mulhouse, etc., etc.

MODE DE PUBLICATION. — Les *Annales du Génie civil* paraissent mensuellement depuis le 1ᵉʳ janvier 1862 par cahiers de 4 ou

5 feuilles de texte, grand in-8 avec figures et 3 ou 4 planches grand
in-8 doubles, de façon à former chaque année un volume d'environ 800 à 900 pages avec nombreuses figures intercalées dans
le texte et un atlas de 30 à 40 planches.

    PRIX D'ABONNEMENT : Paris .... 20 fr.
    Départements et pays faisant partie de l'Union postale. 25 fr.
    Les autres pays................................... 30 fr.

Annales (Nouvelles) de la construction, dirigées par C.-A.
OPPERMANN. 12 livraisons par an, formant un beau volume de 50
à 60 planches et 200 pages de texte grand format à 2 colonnes.—
3e série : 3 vol. parus, à... .... 17 fr.
    ABONNEMENT : Paris, 15 fr.; départements............ 18 fr.

**Portefeuille économique des machines, de l'outillage
et du matériel**, dirigé par C.-A. OPPERMANN. 12 livraisons par
an, formant un beau volume de 50 à 60 planches et 200 pages
de texte grand format à 2 colonnes. — 3e série : 3 vol. parus.
Prix du volume cartonné......................... 17 fr.
    ABONNEMENT : Paris, 15 fr.; départements........... 18 fr.

La Nature (revue des sciences et de leurs applications aux arts et
à l'industrie), journal hebdomadaire illustré; rédacteur en chef :
M. GASTON TISSANDIER. — *La Nature* paraît tous les samedis par
livraisons de 16 pages grand in-8 jésus, richement illustrées et
avec une couverture imprimée. — Chaque année de la publication forme deux beaux volumes grand in-8.
    Prix de l'abonnement annuel..................... 20 fr.
    7 volumes parus................................ 70 fr.

Publication industrielle des machines, outils et appareils les
plus perfectionnés et les plus récents employés dans les différentes branches de l'industrie française et étrangère, par ARMENGAUD
aîné.
    Prix de l'abonnement annuel..................... 40 fr.
    Départements .... 45 fr.
    Les 24 volumes publiés, ensemble................ 740 fr.
    On peut se procurer séparément chaque volume paru, au prix
de 40 francs. — Le 25e volume est en cours de publication.

Revue générale de l'architecture et des travaux publics,
journal des architectes, des archéologues, des ingénieurs, des entrepreneurs et des industriels, publié sous la direction de M. CÉ-
SAR DALY. — 12 livraisons par année. 37 années d'existence. —
30 volumes publiés, formant 3 séries indépendantes, de chacune
10 volumes. — Les 4 premiers volumes de la 4e série sont publiés ; le 5e (35e de la collection générale), année 1878, est en
cours de publication.
    ABONNEMENT ANNUEL : Paris...................... 40 fr.
       —   Départements................ 45 fr.
    Prix de chacun des volumes publiés : 40 fr.
Chaque série de 10 volumes se vend séparément au prix de 400 fr.

Semaine (la) des constructeurs, journal illustré des travaux publics et privés, sous la direction générale de M. César Daly; sous-directeur : M. Paul Planat, ingénieur. — Architecture, génie civil, industries du bâtiment. — Un numéro de 12 pages grand in-4 tous les samedis. — Les abonnements partent des 1er janvier et 1er juillet de chaque année.

Paris, un an .... 20 fr.
Départements, un an .... 23 fr.

Le Recueil d'architecture, publication mensuelle, sous la direction de MM. Wulliam et Farge, architectes, avec le concours des principaux architectes français et étrangers. Choix de documents pratiques sur les Édifices et Constructions modernes de tous genres. — Architecture religieuse, civile, communale, militaire, funéraire, etc. — Constructions privées, urbaines, rurales, industrielles, etc. — Décoration et ameublement. — 1 vol. de 72 pl. chaque année. — Les quatre premières sont en vente. — Une table générale pour la classification de toutes les planches publiées (288) accompagne la quatrième année. — La sixième année (1878) est en cours de publication.

ABONNEMENT ANNUEL : Paris .... 23 fr.
— Départements .... 25 fr.
Etranger, le port en sus.
Chacune des quatre années parues : en feuilles, 30 fr.

RAGUENET. — Matériaux et Documents d'architecture et de sculpture, classés par ordre alphabétique. Il paraît chaque mois une livraison de 8 pages. La 7e année est en cours de publication.

Prix : Abonnement courant .... 12 fr.
— Les six années parues .... 90 fr.

Annales agronomiques, publiées sous les auspices du Ministère de l'agriculture et du commerce (Direction de l'agriculture), par M. P.-P. Dehérain, professeur à l'Ecole d'agriculture de Grignon. — Les *Annales agronomiques* paraissent chaque trimestre, depuis le 15 avril 1875, par cahiers grand in-8 d'environ 160 pages, avec figures dans le texte.

Prix de l'abonnement annuel .... 18 fr.
2 volumes parus .... 36 fr.

Annales de chimie et de physique, dirigées par MM. Chevreul, Dumas, Boussingault, Regnault, Wurtz, avec la collaboration de M. Bertin. — Les *Annales de chimie et de physique* paraissent le 1er de chaque mois, par cahiers de 9 feuilles (144 pages) d'impression, avec planches gravées sur cuivre et figures intercalées dans le texte.

Prix de l'abonnement annuel .... 30 fr.
Les années 1864 à 1876, 30 vol .... 300 fr.

EXPOSITION UNIVERSELLE DE 1878

Études sur l'Exposition de 1878. Description générale, encyclopédique, méthodique et raisonnée de l'état actuel des arts, des sciences, de l'industrie et de l'agriculture, chez toutes les nations. Recueil de travaux historiques, techniques, théoriques et pratiques, par MM. les Rédacteurs des *Annales du Génie civil*, avec la collaboration de savants, d'ingénieurs et de professeurs français et étrangers.

MODE DE PUBLICATION : *Les Études sur l'Exposition* formeront 9 volumes grand in-8 avec nombreuses figures dans le texte et 1 atlas d'environ 150 planches. — Elles seront formées de 40 à 50 fascicules de texte ou de planches qui paraissent tous les huit ou quinze jours à partir du samedi 6 avril 1878.

Aujourd'hui, 31 décembre, 24 fascicules sont publiés, dont 100 planches.

Pour faciliter la rapidité de la publication qui doit être terminée dans le 1er trimestre 1879, nous avons entrepris simultanément l'impression des 9 volumes qui formeront l'ensemble de nos *Études sur l'Exposition de 1878.*

Chaque fascicule est donc composé de feuilles appartenant à différents volumes. La publication étant terminée, il suffira au relieur de débrocher toutes les livraisons pour réunir toutes les feuilles d'un même volume et procéder à la reliure.

Les planches et les figures dans le texte ont une appellation personnelle à chaque article.

DIVISION DES MATIÈRES PAR VOLUMES.

TOME I. — Introduction générale : Essai sur l'origine et les progrès de l'industrie. — Chemins de fer, Tramways, Routes et Chemins. — Matériaux de construction. — Engins et appareils des grands travaux publics. — Hydraulique. — Ports de commerce.

TOME II. — Agriculture. — Produits alimentaires. — Produits non alimentaires. — Animaux domestiques. — Génie rural. — Engrais et amendements. — Sériciculture. — Jardinage. — Horticulture. — Viticulture. — Boulangerie. — Pâtisserie. — Entomologie. — Sucrerie. — Distillation. — Boissons fermentées. — Sylviculture.

TOME III. — Arts et métiers. — Arts textiles. — Filature. — Tissage. — Bonneterie, lingerie, broderie. — La corderie. — Habillement. — Horlogerie. — Métallurgie. — Mines. — Minéralogie. — Papiers et carton. — Économie domestique, chauffage, blanchissage, petits moteurs, etc.

TOME IV. — Architecture et Art du bâtiment. — Maisons ouvrières. — Théâtres. — Dessins et modèles. — Chauffage et ventilation. — Cheminées d'usines. — Éclairage. — Serrurerie. — Constructions en fer. — Cartes et appareils de géographie. — Enseignement agricole, primaire, secondaire et professionnel.

TOME V. — Arts militaires. — Génie. — Artillerie. — Armes à feu. — Armes blanches. — Marine : Constructions navales. — Chaudières et machines-marines. — Navigation de plaisance. — Appareils de sauvetage. — Objets de voyage et de campement. — Télégraphie.

TOME VI. — Météorologie. — Instruments d'astronomie, de physique, de précision et de navigation. — Blanchiment, etc. — Impression des tissus. —

Machines à vapeur en général : locomotives, locomobiles, machines fixes, demi-fixes et machines routières. — Produits chimiques. — Produits pharmaceutiques. — Teinture. — Electricité. — Production du froid. — Galvanoplastie.

TOME VII. — L'art industriel. — Exposition rétrospective. — Le mobilier. — Bijouterie. — Carrosserie. — Céramique. — Imprimerie et Librairie. — Musique. — Peinture. — Sculpture. — Photographie. — Verres et cristaux.

TOME VIII. — Anthropologie. — Hygiène. — Bimbeloterie — Les éventails. — La Chasse et la Pêche — Coutellerie. — Cuirs et peaux. — Médecine et chirurgie. — Matières premières exotiques. — Les Industries de l'Orient et de l'extrême Orient.

TOME IX. — *Chronique.* — Faits divers. — Revue hebdomadaire des faits ayant trait à l'Exposition. — Voyages à travers l'Exposition.

Cette partie de la rédaction, dont il paraîtra une feuille avec chaque livraison, composera le 9e volume, qui aura un grand intérêt, du moins nous ferons notre possible pour qu'il en soit ainsi.

TABLE PAR ORDRE ALPHABÉTIQUE DES COLLABORATEURS.

LIBRAIRIE E. BERNARD,

Puteaux (Lucien), architecte.
Renouard (Alfred), filateur.
Robinson (Armand), professeur de chimie industrielle et agricole à l'Association polytechnique.
Salvetat, ingénieur, chef des travaux chimiques à Sèvres, professeur de technologie à l'Ecole centrale.

Sartiaux (A.), ingénieur des ponts et chaussées, sous-chef de l'exploitation du chemin de fer du nord.
Servier (E.), ingénieur des arts et manufactures.
Vigreux (L.), ingénieur civil, professeur à l'Ecole centrale.
Wazon (A.), ingénieur conseil.

PRIX DE SOUSCRIPTION :

Pour l'ouvrage complet : Paris .... 80 fr.
— Départements et tous les pays.................... 90 fr.
Aussitôt l'ouvrage terminé (1er trimestre 1879), le prix sera porté à 100 ou 120 francs.
Payable, pour Paris : 10 francs par mois ; pour la province en trois payements, 30 fr. à trois mois, 30 francs à six mois, et 30 francs à neuf mois — Pour l'étranger, en un chèque sur Paris.

COLLARD, photographe des ponts et chaussées. — **Album photographique de l'Exposition universelle 1878.** Splendide album, *in plano* carré 42/52, contenant 25 épreuves de 30/40, sur marges teintées, montées sur onglets, reliure pleine, toile, dos cuir, titre doré. Prix.................... 100 fr.
Toutes les épreuves, tirées avec le plus grand soin, comprennent des vues générales et de détails du Champ-de-Mars, du Trocadéro, et toutes les façades de la rue des Nations, ainsi que les principaux chalets construits tant au Champ-de-Mars qu'au Trocadéro.

Album de vues photographiques de l'Exposition universelle 1878, contenant deux vues d'ensemble, deux vues de détails du palais du Trocadéro et du Champ-de-Mars, et six vues comprenant les façades de la rue des Nations. L'album, grand in-4 jésus, est monté sur onglets, titre doré. Les épreuves photographiques sont de 15/21. Prix.................... 15 fr.

Plan officiel de l'Exposition universelle 1878, dressé par la Commission des travaux à l'échelle de 0,0001 par mètre. Très-belle autographie comprenant 2 feuilles grand-aigle renfermées dans un carton 20/30. Prix.................... 5 fr.

Panorama de l'Exposition universelle de 1878, comprenant également une vue générale de Paris. Belle gravure sur bois format demi-grand-monde, teintée en douze couleurs. Prix.................... 1 fr. 50

La rue des Nations, petit Album contenant tous les Pavillons de la rue des Nations en gravure sur bois et classés dans l'ordre exact des constructions. Prix.................... 1 fr. 50

Guide-poche contenant les noms, professions et adresses des exposants français, par ordre alphabétique, groupes et classes. 1 volume in-8 de 200 pages. Prix.......... 1 fr. 50

Visites des ingénieurs, anciens élèves de l'Ecole centrale, à l'Exposition universelle 1878. 20 ou 25 livraisons. (Ensemble 350 ou 400 pages) in-8.................... 10 fr.

DICTIONNAIRES

Cʜ. LABOULAYE. — **Dictionnaire des arts et manufactures** et de l'agriculture. 4 forts vol. in-4, illustrés de 5000 gravures sur bois. Broché.................................... 88 fr.
    Cartonné à l'anglaise................................. 100 fr.
    Relié en 4 volumes.................................. 110 fr.

SONNET. — **Dictionnaire des mathématiques appliquées.** 1 vol. grand in-8, avec 1920 figures dans le texte.
    Broché.. 30 fr.
    Relié... 35 fr.

Eugène LACROIX, ingénieur civil, chevalier de la Légion d'honneur. — **Dictionnaire industriel** à l'usage de tout le monde ou les 100,000 secrets et recettes de l'Industrie moderne, *avec la traduction anglaise et allemande des mots techniques et usuels.*
    2 forts vol. grand in-18 ensemble XL-1586 pages et 673 fig.
    Prix : 20 fr., cartonné 22 fr., relié................. 25 fr.

VIOLLET-LE-DUC. — **Dictionnaire raisonné** de l'architecture française du xıᵉ au xvıᵉ siècle, 10 vol. in-8 avec 4000 figures intercalées dans le texte........................... 250 fr.

— **Dictionnaire raisonné** du mobilier français de l'époque Carlovingienne à la Renaissance. 6 vol. gr. in-8 avec nombreuses figures et planches................................ 300 fr.

DUCKETT. — **Dictionnaire de la conversation et de la lecture**, par une société de savants et de gens de lettres, 2ᵉ édition. 16 vol. grand in-8............................... 200 fr.

— *Supplément* offrant le résumé des faits et des idées de notre temps. 5 vol. grand in-8. Les tomes I, II et III sont en vente.
Prix de chaque volume........................... 12 fr. 50

DUPINEY DE VOREPIERRE. **Dictionnaire français illustré et Encyclopédie universelle.** Publication ornée d'environ 20,000 grav. 2 tomes en 4 vol. in-4 à trois col. Broché.. 85 fr.
    Relié en 2 tomes................................... 100 fr.

E. LITTRÉ. — **Dictionnaire de la langue française.** 2 tomes divisés en 4 volumes très-grand in-4. Broché.......... 100 fr.
    Supplément.. 12 fr.
    Relié en 5 volumes................................ 142 fr.

E. BOSC, architecte. — **Dictionnaire raisonné d'architecture,** des sciences et des arts qui s'y rattachent. 4 vol. in-8 à 2 colonnes, de chacun 500 à 550 pages, 4000 bois dans le texte. 60 gravures hors texte et 40 chromolithographies. Publié en 20 livraisons. Dix liv. sont en vente. Prix de la liv..... 6 fr.

BOUILLET. — Dictionnaire universel des sciences, des lettres et des arts. 1 vol. grand in-8°............ 21 fr.

— Dictionnaire universel d'histoire et de géographie, 1 vol. grand in-8°....................... 21 fr.

— Atlas universel d'histoire et de géographie. Ouvrage faisant suite au *Dictionnaire d'histoire et de géographie* du même auteur, 1 vol. grand in-8°............... 20 fr.

BESCHERELLE. — Dictionnaire national. 2 magnifiques vol. in-4 de plus de 3,000 pages environ, à 4 col., lettres ornées, imprimés en caractères neufs et très-lisibles, sur papier grand raisin glacé et satiné, renfermant la matière de plus de 300 vol. in-8................................ 50 fr.

PIERRE LAROUSSE. — Grand dictionnaire universel du XIXᵉ siècle. — L'œuvre complète forme quinze gros volumes in-4°. — Prix total : 600 francs, payables VINGT FRANCS par mois.

Avec reliure spéciale : 700 francs, payables VINGT-CINQ FRANCS par mois.

MASSELIN. — Dictionnaire raisonné et formulaire du métré et de la vérification des travaux...................... 20 fr.

WURTZ, membre de l'Institut. **— Dictionnaire de chimie pure et appliquée,** comprenant la chimie organique et inorganique, la chimie appliquée à l'industrie et aux arts, la chimie analytique, la chimie physique et la minéralogie. 5 vol. grand in-8, broché, avec figures........................ 90 fr.

DANIEL RAMÉE. — Dictionnaire des termes d'architecture en quatre langues (français, anglais, italien et allemand). 1 vol. grand in-8, broché......................... 8 fr.
Prix cartonné................................ 10 fr.

HENRI VIOLETTE, commissaire des poudres et salpêtres, etc., et **J. ARCHAMBAULT,** professeur au Lycée Charlemagne. **— Dictionnaire des analyses chimiques.** Second tirage augmenté de 400 analyses nouvelles. 2 gros volumes in-8 à deux colonnes............................. 12 fr.

MATHÉMATIQUES GÉNÉRALES

J. ADHÉMAR. — **Cours de mathématiques**, à l'usage de l'ingénieur civil. 6 vol. in-8° et 6 atlas in-folio............ 180 fr.
    Géométrie descriptive, 22 fr. — Ombres, 22 fr. — Perspective linéaire, 34 fr. — Coupe des pierres, 34 fr. — Charpente, 42 fr. — Ponts biais en pierre et en bois, 26 fr.

J. BERTRAND, membre de l'Institut. — **Calcul intégral** (*intégrales définies et indéfinies*). In-4 de 696 pages, avec 88 figures dans le texte..................................... 30 fr.

CHARLES DE COMBEROUSSE. — **Cours de mathématiques**, à l'usage des candidats à l'École centrale des arts et manufactures et de tous les élèves qui se destinent aux Écoles du gouvernement. 3 vol. in-8, avec figures dans le texte et planches. (Prix ensemble)................................... 30 fr.

DE LA GOURNERIE. — **Traité de géométrie descriptive.** In-4, publié en trois parties, avec atlas de 156 planches.. 30 fr.
    Chaque partie se vend séparément................... 10 fr.

LEROY, ancien professeur à l'École polytechnique et à l'École normale supérieure. **Traité de géométrie descriptive.** 9° édit., revue et annotée par M. MARTELET, professeur à l'École centrale des arts et manufactures. In-4, avec atlas de 74 planches, 1872.. 16 fr.

LEROY. — **Traité de stéréotomie**, comprenant les **applications de la géométrie descriptive à la théorie des ombres, la perspective linéaire, la gnomonique, la coupe des pierres et la charpente.** 1 vol. in-4... 26 fr.

PONCELET. — **Applications d'analyse et de géométrie** qui ont servi de principal fondement au **Traité des propriétés projectives des figures**, avec additions par MM. MANNHEIM et MOUTARD, anciens élèves de l'École polytechnique, 2 vol. in-8, avec figures dans le texte. Imprimé sur carré fin satiné; 1864... 20 fr.

— **Traités des propriétés projectives des figures.** Ouvrage utile à ceux qui s'occupent des applications de la géométrie descriptive et d'opérations géométriques sur le terrain. 2° édition, 1865. 2 beaux volumes in-4, d'environ 400 pages chacun, imprimés sur carré fin satiné, avec de nombreuses planches gravées sur cuivre; 1865-1866...................... 40 fr.

— Membre de l'Institut. — **Introduction à la mécanique industrielle, physique ou expérimentale.** 3° édition, publiée par M. KRETZ, ingénieur en chef des manufactures de l'État. 1 beau vol. in-8 de 757 pages, avec 3 planches; 1870.... 12 fr.

G. SALMON, professeur au collège de la Trinité, à Dublin. — **Traité de géométrie analytique** (*Sections coniques*); traduit de l'anglais par M. RESAL, ingénieur des mines, et M. VAUCHERET, ancien élève de l'École polytechnique. In-8, avec figures dans le texte; 1870 .... 10 fr.

— **Leçons d'algèbre supérieure**; traduites de l'anglais par M. BAZIN, ingénieur des ponts et chaussées, et augmentées de *Notes* par M. HERMITE, membre de l'Institut .... 7 fr. 50

JOSEPH BERTRAND, membre de l'Institut. — **Traité d'algèbre**; édition revue par MM. J. BERTRAND et GARCET : *1re partie*, à l'usage des classes de mathématiques élémentaires; 9e édition. 1 vol. in-8 .... 5 fr.

    2e partie, à l'usage des classes de mathématiques spéciales; nouvelle édition. 1 vol. in-8 .... 5 fr.

SONNET, professeur à l'École centrale des arts et manufactures. — **Algèbre élémentaire**, avec de nombreuses applications à la géométrie et aux questions les plus simples de physique et de mécanique; 4e édition. 1 vol. in-8 .... 6 fr.

— **Premiers éléments d'algèbre**, précédés des programmes arrêtés en 1865 pour l'enseignement de l'algèbre dans les classes de seconde et de philosophie, extraits du précédent ouvrage; 7e édition. 1 vol. in-12 .... 2 fr. 50

— **Premiers éléments de calcul infinitésimal**, à l'usage des jeunes gens qui se destinent à la carrière d'ingénieur. 1 vol. in-8 .... 6 fr.

SONNET et FRONTERA, docteur ès sciences. — **Éléments de géométrie analytique**, rédigés conformément au dernier programme d'admission à l'École polytechnique et à l'École normale supérieure; 4e édition. 1 vol. in-8, broché .... 8 fr.

DUPUIS. — **Tables de logarithmes** à sept décimales, d'après Callet, Vega, Bremiker, etc.; édition stéréotype contenant les logarithmes des nombres de 1 à 100,000, les logarithmes des sinus et des tangentes des arcs, calculés dans la supposition de R = 1 de seconde en seconde pour les cinq premiers degrés et de dix secondes en dix secondes pour tous les degrés du quart de cercle, et quelques tables usuelles. 1 beau vol. grand in-8, br... 8 50
    Cartonné en percaline gaufirée .... 10 »

— **Recueil de tables** propres à abréger les calculs, contenant des tables de logarithmes à quatre décimales, des comptes faits d'intérêts composés, etc. 1 vol. grand in-18, broché... 1 fr. 75

SONNET. — **Dictionnaire des mathématiques appliquées.** 1 vol. relié, avec figures .... 35 fr.

OYON. — **Tables de multiplication** de 1 à 1,000, à l'usage de MM. les Ingénieurs, Architectes, etc. 4e édit. 1872, 2 beaux vol. gr. in-8 .... 20 fr.

MÉCANIQUE ET MACHINES

Ch. ARMENGAUD jeune. — **Formulaire de l'ingénieur** 4 fr.
— **L'Ouvrier mécanicien, guide de mécanique pratique**.................................... 4 fr.

Edm. BOUR, ingénieur des mines. — **Cours de mécanique et machines professé à l'Ecole polytechnique.** 3 volumes in-8, avec 2 atlas in-4; 1865-1874................ 23 fr. 50

BRESSE. — **Cours de mécanique appliquée professé à l'Ecole des ponts et chaussées.** 3 volumes in-8, avec figures dans le texte et un atlas de 24 planches in-folio gravées sur le cuivre........................... 32 fr.

CALLON. — **Cours de construction de machines,** professé à l'Ecole centrale des arts et manufactures.
1re partie : Matériel agricole. — 40 planches. — Prix.... 15 fr.
2e partie : Matériel hydraulique. — 75 pl. — Prix...... 25 fr.
Les deux parties ensemble, en carton................ 30 fr.

CASALONGA. — **Eléments proportionnels de construction mécanique,** disposés en séries. 1 volume in-8 contenant 64 planches.............................. 25 fr.

Edouard COLLIGNON, répétiteur à l'Ecole polytechnique. — **Traité de mécanique.** 4 vol. in-8 :
Première partie, **Cinématique**................. 7 fr. 50
Deuxième partie, **Statique**.................. 7 fr. 50
Troisième et quatrième partie, **Dynamique.** 2 vol..... 15 fr.

Ch. DELAUNAY, membre de l'Académie des sciences. — **Traité de mécanique rationnelle.** 5e édition. In-8, avec figures dans le texte; 1873...................... 8 fr.

Ch. DELAUNAY, ingénieur des mines, professeur de mécanique à l'Ecole polytechnique et à la Faculté des sciences de Paris. — **Cours élémentaire de mécanique théorique et appliquée.** 8e édition, avec un grand nombre de figures dans le texte. Grand in-8; 1873........................ 8 fr.

ERMEL, professeur à l'Ecole centrale des arts et manufactures. — **Album d'éléments et organes de machines.** 102 pl. 13 fr.

FONTAINE. — **Description des machines les plus remarquables et les plus nouvelles de l'Exposition de Vienne en 1873 :** moteurs, machines-outils, locomotives, appareils divers; précédée d'une notice sur les progrès récents de la métallurgie. 1 volume gr. in-8 et 1 atlas de 60 planches in-folio. 35 fr.

MASTAING (de), professeur à l'Ecole centrale des arts et manufactures. — **Cours de mécanique appliquée à la résistance des matériaux.** Leçons professées à l'École centrale de 1862 à 1872 par M. de Mastaing et rédigées par M. Courtès-Lapeyrat, ingénieur, répétiteur du cours. Grand in-8, avec nombreuses figures dans le texte et planches; 1874.................. 15 fr.

A. MORIN, membre de l'Institut. — **Aide-mémoire de mécanique pratique.** 6e édition. 1 vol. in-8............... 9 fr.

— **Notions géométriques sur les mouvements et leurs transformations,** ou Eléments de cinématique. 4e édition. 1 vol. in-8............................... 5 fr.

— **Notions fondamentales de mécanique et données d'expériences.** 3e édition. In-8................... 7 fr. 50

— **Hydraulique.** 3e édition. 1 vol. in-8............... 9 fr.

— **Machines et Appareils destinés à l'élévation des eaux.** 1 vol. in-8............................. 7 fr. 50

— **Résistance des matériaux;** 3e édition. 2 vol. in-8, avec planches............................... 15 fr.

Études sur la ventilation et le chauffage. 2 volumes in-8 avec planches et gravures dans le texte............... 18 fr.

— **Manuel pratique du chauffage et de la ventilation;** nouvelle édition. 1 vol. in-8, avec 7 planches........ 7 fr. 50

PÉRARD. — **Traité du chauffage et de la conduite des machines à vapeur.** 1 vol. grand in-18 avec 15 planches. 10 fr.

PONCELET, membre de l'Institut. — **Cours de mécanique appliquée aux machines,** publié par M. Kretz, ingénieur en chef des manufactures de l'Etat. In-8, avec 117 figures dans le texte et 2 planches gravées sur cuivre; 1874.......... 12 fr.

REDTEMBACHER. — **Principes de la construction des organes des machines.** 1 vol. grand in-8 et atlas de 45 pl. 20 fr.

— **Résultats scientifiques et pratiques destinés à la construction des machines.** 1 vol. grand in-8 avec 41 planches et de nombreux tableaux.................. 15 fr.

SPINEUX. — **De la Distribution de la vapeur dans les machines.** 1 vol. gr. in-8 et 1 atlas gr. in-8 de 26 pl. doubles. 15 fr.

PERROT. — **Album de mécanique.** Eléments de construction des machines. 1 vol. in-fol. 40 pl. et texte. Cartonné.. 15 fr.

POILLON, ingénieur des arts et manufactures, ancien constructeur de machines, professeur à l'Institut industriel du nord de la France. — **Cours théorique et pratique de chaudières et de machines à vapeur.** 1 fort vol. grand in-8, avec nombreuses fig. sur bois intercalées dans le texte et 8 pl. 20 fr.

— **Machine horizontale à quatre distributeurs** (système

Inglis). Brochure in-4 de 20 pages avec 2 planches. (Extrait de la
publication industrielle d'Armengaud.) Prix............... 2 fr.
— **Note sur les avantages de la vapeur surchauffée
ou désaturée** appliquée aux machines. Brochure de 60 pages
avec figures intercalées dans le texte. Prix............ 2 fr.

Benoit-DUPORTAIL, MORANDIÈRE et SAMBUC, ing. civ., réd.
des *Annales du Génie civil*. — **Etude sur la construction et
l'exploitation des chemins de fer.** Matériel fixe et roulant,
signaux, etc., suivi de la description du locomoteur funiculaire
par M. Soulié, ingénieur civil. 1 vol. de 135 p., accompagné
de 25 fig. dans le texte, 9 pl. in-4, et de nombreux tableaux. 10 fr.

Jules GAUDRY, ingénieur civil et A. ORTOLAN, mécanicien en chef
de la flotte, officier de la Légion d'honneur. — **Construction
et conduite des machines à vapeur.** Machines fixes,
locomotives, locomobiles et machines marines. — Aide-mémoire
du mécanicien-constructeur, du chauffeur et du propriétaire de
machines à vapeur. 1 vol. de 250 p. avec 49 fig. et atlas de
36 pl... 25 fr.

J.-A. GRANDVOINNET ✳, ingénieur, professeur de génie rural
à l'école nationale de Grignon, etc. — **Le Génie rural.** Recueil
de mémoires sur la machinerie agricole. Constructions rurales.
Irrigations. Drainage. Charrues, presses et pressoirs, machines
à vapeur rurales, râteaux, appareils de distillation, moulins à
vent, etc., etc. 2 vol. gr. in-8, 564 p. avec 73 fig. et 2 atlas
d'ensemble 79 pl. in-4 et de nombreux tableaux...... 30 fr.

A. ORTOLAN, mécanicien en chef de la flotte, officier de la Légion
d'honneur. — **Traité élémentaire des machines à vapeur
marines**, rédigé d'après le programme du concours pour
les brevets de capitaine au long cours et de maître au cabotage,
augmenté de notions générales sur les manœuvres des bâtiments
à vapeur. 1 volume de 480 pages, 48 fig. et atlas de 19 pl.
gravées sur acier................................... 12 fr.

— **Cours de machines à vapeur** appliqué à la navigation,
à l'usage des mécaniciens de la marine militaire et de la marine
marchande, examen au grade de quartier-maître mécanicien,
d'après le programme officiel. 1 vol. de 344 pages avec 23 fig.
et atlas de 11 pl. gravées sur acier.................. 10 fr.

— **Code de l'acheteur, du vendeur et du conducteur
de machines à vapeur.** 1 vol. de 274 pages avec fig.
et 1 pl... 5 fr.

A. RAUX et L. VIGREUX, ingénieurs civils. — **Machines-outils
à travailler le bois.** Machines à corroyer. — Machines à
blanchir et à dresser. — Outillage. — Toupie à avancement
automatique. — Machines à raboter. — Scies à ruban. — Par-
queteuses. — Travail des mortaises. — Travail des tenons, etc.,
1 vol. de 64 pages, avec fig. et 51 planches.......... 10 fr.

— **Études sur l'Exposition universelle** de Paris en 1867, par MM. les rédacteurs des *Annales du Génie civil*, M. Eugène Lacroix, directeur de la publication ; avec 260 pl. et nombreuses figures dans le texte (supplément aux *Annales du Génie civil* pour 1867-1868). Prix des 8 volumes et de l'atlas......... 120 fr.

— **Études sur l'Exposition de Vienne, 1873.** Ouvrage faisant suite aux Études sur l'Exposition universelle de Paris. 1867, par MM. les rédacteurs des *Annales du Génie civil*. E. Lacroix, directeur de la publication. 1 vol. in-8, avec 39 fig. et 31 pl. in-4 et in-folio... 30 fr.

SAMUEL CLEGG. — **Traité pratique de la fabrication et de la distribution du gaz d'éclairage et de chauffage.** Traduit de l'anglais et annoté par Ed. Servier, ingénieur civil. 1 vol. in-4, 303 p., avec nombreuses figures dans le texte et atlas de 28 pl. doubles.. 40 fr.

PHILLIPS. — **Théorie de la coulisse**, servant à produire la détente variable dans les machines à vapeur. In-8 avec pl.   2 fr.

PASCAL DULOS, professeur de mécanique à l'École d'arts et métiers et à l'École des sciences d'Angers. **Cours de Mécanique**, à l'usage des Écoles d'arts et métiers et de l'enseignement spécial des Lycées. 4 vol. in 8.. 30 fr.

VIRY. — **Cours de mécanique** pure et appliquée, professé à l'École normale spéciale de Cluny. 4 volumes in-4, en lithographie, avec figures.

Tome I. *Statique pure et appliquée. Cinématique pure et appliquée.*
Tome II. *Dynamique pure d'un point et des systèmes matériels.*
Tome III. *Dynamique appliquée des systèmes matériels.*
Tome IV. *Dynamique appliquée des systèmes matériels.*
Prix de l'ouvrage complet........................... 30 fr.
Chaque volume se vend séparément................... 10 fr.

V. CONTAMIN, Ingénieur du matériel des voies du chemin de fer du Nord, professeur à l'École centrale des Arts et Manufactures.— **Cours de résistance appliquée.** Gr. in-8, de VIII-562 pages avec de nombreuses figures dans le texte.............. 16 fr.

L. VIGREUX, ingénieur civil, professeur du cours de construction des machines à l'École centrale des arts et manufactures, ancien élève de cette école et de l'École nationale des arts et métiers de Châlons-sur-Marne. — **Théorie et pratique de l'art de l'ingénieur du constructeur de machines et de l'entrepreneur de travaux publics.** Ouvrage comprenant sous le titre d'**introductions**, les connaissances théoriques qui constituent la science de l'ingénieur, et sous le titre de **projets**, dépendant de ces introductions, leurs applications directes à toutes les branches de l'industrie et des travaux publics, précédé d'une lettre à l'auteur, par M. CH. CALLON, ingénieur civil, professeur à l'école centrale des arts et manufactures.

E. LACROIX. — **Carnet de l'Ingénieur.** Recueil de tables, de formules et de renseignements usuels et pratiques sur les sciences appliquées à l'industrie.

Prix : broché.............................. 5 fr. »
Cartonné................................ 6 fr. 50
Relié en forme de portefeuille.................. 8 fr. »

CHEMINS DE FER, PONTS ET CHAUSSÉES

PERDONNET, POLONCEAU et FLACHAT. — **Portefeuille de l'Ingénieur des chemins de fer.** 1re *partie*, 3 vol. in-8° et un Atlas in-folio. 2e édition. Le texte forme un volume de 630 pages, avec tableaux; il est accompagné de 90 figures. Le volume de Documents compte 327 pages ou tableaux. Celui des légendes explicatives des planches en a 233. Enfin, les planches de l'Atlas, réunies dans un carton, au nombre de 170, se subdivisent en 11 séries :

1 Série A.	3 Travaux de terrassement.	7 Série G. 13 Wagon à bagages et à marchandises.
2 — B.	11 Rails et coussinets.	8 — H. 7 Grues hydrauliques.
3 — C.	3 Outils disposeurs de la voie.	9 — J. 11 Wagons de terrassement.
4 — D.	17 Changements et croisements de voies.	10 — K. 51 Gares de voyageurs, à marchandises, débarcadères, stations, ateliers, etc.
5 — E.	20 Plaques tournantes.	
6 — F.	28 Diligences, wagons, freins, essieux, ressorts, détails.	11 — L. 6 Hangars, charpente, grue de M. Arnoux.

Prix de cette partie ou série : 150 fr.

2e *partie* (ou NOUVEAU PORTEFEUILLE, *pour le distinguer de la* 1re *Série*). Cette partie, comme la 1re, se compose : 1° d'un volume de Texte de 592 pages ou tableaux; 2° d'un volume de Documents de 446 pages, accompagnées de plusieurs figures; 3° de la Légende explicative de l'Atlas. Cet atlas se compose de 168 planches réunies dans un carton, qui, ainsi que pour la 1re partie de l'ouvrage, sont également subdivisées en plusieurs séries :

Prix de cette 2e partie : 225 fr.

Série A.	10 Terrassements, talus.	Série H. 3 Grues-réservoirs, grues hydrauliques, détails.
— B.	7 Rails divers, coussinets, écluses, nouveau système de voie.	— J. 3 Wagons de terrassement, frein-Guérin.
— D.	4 Changements et croisements de voies.	— K. 31 Plans de gares, bâtiments de stations, maisons de garde.
— E.	9 Plaques tournantes, chariots de service, disques-signaux.	— M. 73 Ponts et viaducs les plus remarquables, types de ponts métalliques.
— F.	10 Train impérial d'Orléans, wagons à voyageurs et à marchandises, détails de wagon.	— N. 16 Locomotives, types de tous pays, à voyageurs et à marchandises.
— G.	1 Wagons-écuries.	— O. 1 Tenders divers.

Le prix du *Portefeuille* et du *Nouveau portefeuille*, lorsqu'on les prend ensemble, est de 350 fr.

DUBUISSON (J.), ancien élève de l'Ecole centrale. — **Regains scientifiques.** Cette publication a pour objet de présenter, sous forme de fascicules indépendants, des séries de questions théoriques et pratiques, des exposés de méthode de tracé ou de constructions les plus nouvelles et reconnues les meilleures après expérience, des analyses critiques et techniques, des études et solutions qui ne figurent pas dans les ouvrages généraux concernant l'établissement des chemins de fer, même dans ceux les plus connus jusqu'à ce jour.

FASCICULES PARUS.

FASCICULE N° 1. — 3e édition. — *Sommaire :* **Essai sur la détermination des Puits et Galeries nécessaires au percement d'un Tunnel.**

1 brochure in-8 raisin de 28 pages, avec 11 figures intercalées dans le texte.. 1 fr.

FASCICULE N° 2. — 2e édition. — *Sommaire :* **Essai sur le tracé des Courbes circulaires de Raccordement.**

1 brochure in-8 raisin de 32 pages, avec 21 figures intercalées dans le texte.. 1 fr. 25

FASCICULE N° 3. — 2e édition. — *Sommaire :* **Note sur la conservation des tracés et l'implantation des ouvrages d'art.**

1 brochure in-8 raisin de 24 pages, avec 15 figures intercalées dans le texte.. 1 fr.

FASCICULE N° 4. — *Sommaire :* **Complément des projets de travaux d'art.**

1 vol. in-8 raisin de 104 pages en autographie, avec 70 figures intercalées dans le texte.. 3 fr.

FASCICULE N° 5. — *Sommaire :* **Chaînage officiel des Chemins de fer. — Tables pour le tracé des courbes à l'aide du Théodolite.**

1 vol. in-8 raisin de 88 pages en autographie, avec 33 figures et de nombreux tableaux intercalés dans le texte................................... 3 fr.

FASCICULE N° 6. — **Calcul des terrassements en matière d'avant-projet.** *L'ensemble de ce fascicule comprend 112 pages in-8 raisin en autographie, avec 78 figures et plusieurs tableaux intercalés dans le texte.* Prix.. 3 fr.

SOUS PRESSE : FASCICULE N° 7. — **De la forme des terrassements, projets et réalisations.** Prix.......................... 3 fr.

VALLÉE, conducteur des ponts et chaussées. — **Notions pratiques sur les opérations de tracé d'un avant-projet de chemin de fer :** PREMIÈRE PARTIE : *Opérations sur le terrain;* — DEUXIÈME PARTIE : *Rédaction du projet.* 1 vol. in-8 de 153 pages, contenant de nombreux tableaux et 24 figures intercalées dans le texte, avec 4 planches montées sur onglets....... 4 fr.

DUMAS, conducteur au service municipal de Paris. — **Table** donnant au moyen d'abscisses et d'ordonnées les développements d'arcs elliptiques quelconques et d'arcs de cercle; brochure in-8, publiée par E. SERGENT, ingénieur civil................. 2 fr.

GOSCHLER. — **Traité pratique de l'entretien** et de l'exploitation des chemins de fer, à l'usage des ingénieurs, des agents de chemins de fer, des constructeurs et fournisseurs de matériel, 4 gros volumes in-8, avec de nombreuses gravures dans le texte, et 1 atlas in-8 de 35 planches. Nouvelle édition.

En vente : les tomes I et II avec l'atlas, comprenant tout le service de la voie... 32 fr.

Tome III.. 25 fr.

— **Les Chemins de fer nécessaires,** suivi d'une étude sur l'établissement et l'exploitation des tramways et des chemins à voie étroite. 1 volume grand in-8 avec 7 planches........ 7 fr.

OPPERMANN. — **Traité complet des chemins de fer économiques,** 1 fort vol. avec atlas in-4................. 35 fr.

L.-ANT. COMOLLI, ingénieur. — **Ponts de l'Amérique du Nord** Étude, calcul, description de ces ponts. Comparaison des systèmes Américain et Européen. 1 beau vol. in-4 avec 213 fig. et 1 atlas in-fol. de 54 planches dont plusieurs doubles, en carton. Prix.. 45 fr.

GONIN. — **Manuel pratique de construction** traitant de routes et de chemins de fer, des terrassements, des ouvrages d'art, des bâtiments, des voies ferrées et des constructions rurales, contenant des types variés et récents de ponts voûtés, ponts métalliques, cintres et bâtiments, utile aux ingénieurs, conducteurs, entrepreneurs du génie civil et du génie militaire, aux élèves des écoles, aux industriels, aux agriculteurs et aux propriétaires. Un volume in-8 contenant 182 figures et plusieurs tableaux et un atlas in-4 de 38 planches................................... 18 fr.

LEVEL. — **Construction et exploitation des chemins de fer d'intérêt local.** 2e édition. In-8................... 10 fr.

CAMURRI (François). — **Tables des coordonnées.** En fonction des tangentes pour le tracé des courbes circulaires dans la construction des chemins de fer, routes ordinaires et canaux. 1 vol. gr. in-8 de 184 pages de tableaux et de 6 pl.......... 7 fr. 50

F. BIROT, ancien conducteur des ponts et chaussées. — Guide pratique du **Conducteur des ponts et chaussées** et de l'agent-voyer. Principes de l'art de l'ingénieur, comprenant : plans et nivellements, routes et chemins, ponts et aqueducs, travaux de construction en général et devis. 3e édition, revue et augmentée. 1 vol. 345 pages, avec un atlas de 19 pl. doubles, relié... 10 fr.

A. DEMANET, lieutenant-colonel honoraire du génie, membre de l'Académie royale de Belgique, etc. — **Guide pratique du Constructeur.** Maçonnerie. 1 vol. relié, 252 pages, avec tableaux, accompagné de 20 planches doubles renfermant 137 figures, gravées sur acier par Chaumont.................. 6 fr.

HUGUES (E.-G.), ingénieur civil. — Tables donnant en mètres cubes les **volumes des terrassements** dans les déblais et remblais des chemins de fer, canaux, routes, etc. 1 vol. in-4 oblong avec de très-grands tableaux et plusieurs planches...... 10 fr.

VILLEVERT. — **Chemins de fer**, construction des travaux d'art, tunnels, maisons de garde-barrières, etc. In-fol. pl. rel.. 25 fr.

PHILIPS. — **Mémoire sur les ressorts en acier** employés dans le matériel des chemins de fer. In-8, pl........... 3 fr. 50

T. BONA, architecte, directeur de l'école de tissage et de dessin industriel de Verviers. — **Manuel des constructions rurales.** 4e édition. 1 vol. rel., 300 pages avec un très-grand nombre de figures dans le texte..................... 5 fr.

F. VASSELON, ingénieur civil. — **Carnet du conducteur de travaux**, recueil de formules, tables, renseignements pratiques et documents concernant la construction à l'usage des ingénieurs, conducteurs, agents voyers, adjoints du génie, de l'artillerie et des mines, architectes, vérificateurs, mécaniciens, constructeurs entrepreneurs, industries, élèves des écoles, etc. Ouvrage contenant plus de 3,000 formules et 350 figures explicatives intercalées dans le texte. 4e édition. Prix broché............... 6 fr.
    Cartonné............................. 7 25
    Portefeuille cuir, tranches dorées............ 8 fr.

MARY. — **Cours de routes et ponts**, professé à l'École centrale, par Mary, inspecteur général des ponts et chaussées, professeur à cette École et à l'École centrale des arts et manufactures. 1 vol. in-4 avec atlas et 68 planches in-folio (dont 15 planches nouvelles se rapportant aux travaux d'art les plus remarquables exécutés depuis la dernière édition)................ 45 fr.

ARCHITECTURE

ALFRED DES CILLEULS, chef de division à la préfecture de la Seine. — **Traité de la voirie urbaine** (Législation et administration). 1 fort volume grand in-8°............... 10 fr.

D. NICOLE, architecte. — **Architecture pratique.** — **De l'emploi des briques ordinaires** dans la construction et la décoration des édifices publics et privés. — Murs de clôture, piliers, pilastres, chambranles, panneaux, bandeaux, frises, corniches, entablements, balustrades, acrotères, frontons, pignons, etc. Nombreux exemples d'ensembles empruntés à des constructions modernes : cheminées d'usines, façades, avant-corps, entrées de cour et de jardin, etc. 1 vol. grand in-4°. — 30 planches en couleurs, accompagnées d'un texte (étude technique et pratique). Prix : en carton..................... 30 fr.

DANIEL RAMÉE, architecte, auteur de l'*Histoire générale de l'Architecture.* — **Dictionnaire des termes d'architecture**, en quatre langues (français, allemand, anglais et italien), 1 volume grand in-8° contenant environ 3,500 mots, où l'on trouve, entre autres, tous les termes employés dans l'architecture, aussi bien dans l'Antiquité qu'au Moyen Age et pendant la Renaissance.
Prix : broché................................. 8 fr.
Prix : cartonné.............................. 10 fr.

DEMONT, architecte. — **Traité de charpente**, ou *Vignole à l'usage des ouvriers charpentiers et des constructeurs.* 1 vol. in-4°. — 38 planches et texte. Prix : cartonné.............. 10 fr.

— **Traité de menuiserie**, ou *Vignole à l'usage des ouvriers menuisiers et des constructeurs.* 1 vol. in-4°. — 42 planches et texte. Prix : cartonné................................. 10 fr.

— **Traité de serrurerie**, ou *Vignole à l'usage des ouvriers serruriers et des constructeurs.* Ce volume comprend une étude complète des divers systèmes de pose des sonnettes. 1 vol. in-4°. — 40 planches et texte. Prix : cartonné.......... 10 fr.

THIERRY. — **Recueil d'escaliers**, à l'usage des ouvriers. Escaliers en pierre, en charpente, en menuiserie, en fonte, etc. 1 vol. in-4°. — 24 planches et texte. — Prix : cartonné........ 6 fr.

LACROUX, architecte. — **Constructions en briques.** — **La brique ordinaire** *au point de vue décoratif.* Étude théorique, suivie d'exemples d'applications pratiques, de l'emploi de la brique ordinaire, au double point de vue de la construction raisonnée et de la décoration qui en résulte. 1 vol. de 75 planches en couleurs, accompagnées d'un texte explicatif, par C. DÉTAIN, architecte. — Nombreuses figures sur bois. Le volume sera publié en 5 livraisons. — *La première livraison est en vente.* Prix de la livraison... 20 fr.
L'ouvrage terminé, le prix en sera porté à 125 fr.

J. CHÉRY, chef de bataillon du génie, professeur de construction à l'École d'application de l'artillerie et du génie. — **Pratique de la résistance des matériaux dans les constructions.** 1 vol. in-8° de texte. — Album de 50 planches. Formules et nombreux tableaux. Prix : les deux vol. br. séparément. 10 fr.

— **Constructions en bois et en fer.** *Première partie.* Emploi des bois et des métaux dans les constructions. — Charpentes en bois. — Tableaux numériques des dimensions des pièces de charpente. 1 vol. grand in-8° de texte, contenant de nombreux tableaux calculés pour tous les cas possibles. — 1 atlas même format que le texte, contenant 28 planches. Prix...... 12 fr.

Troisième partie. Dispositions économiques des travures en bois pour planchers. Prix.............................. 3 fr.

Louis DEGEN. — **Les constructions en briques,** avec un volume de supplément. — Combinaisons et études variées sur l'emploi de la brique, au point de vue décoratif. 2 vol. in-4°. — 84 planches en couleurs. Prix : en cartons............. 58 fr.

Le supplément seul, 36 planches................... 26 fr.

— **Les constructions en bois,** avec un volume de supplément. — Motifs de décorations et d'ornement. 2 vol. in-4. — 84 planches en couleurs. Prix : en cartons.................. 58 fr.

Le supplément seul, 36 planches.................... 26 fr.

A. DEMANET, lieutenant-colonel honoraire du génie, membre de l'Académie royale de Belgique, etc. — **Cours de construction.** Connaissance des matériaux, emploi des matériaux, théorie des constructions, établissement des fondations, applications, économie des travaux, entretien. 2 vol. gr. in-8° d'ensemble 1139 p., avec un atlas in-fol. de 61 pl. dont 2 coloriées, 3° édition entièrement refondue et considérablement augmentée... 80 fr.

César DALY. — **Cours de constructions.** Portefeuille des Officiers élèves de l'École d'application de l'artillerie et du génie. — Albums de planches d'architecture et de construction, choisies dans les divers ouvrages de M. César Daly. — 1re *série :* Maisons et hôtels ; façades, plans, détails des façades. — 40 planches in-4° colombier, titre et table. — 2° *série :* Maisons et Hôtels ; façades, plans, détails des façades. — 50 planches in-4° jésus, titre et table. — 3° *série :* Détails de fermes et couvertures. — 50 planches in-4° jésus, titre et table. *Chaque série se vend séparément.* Prix de la série : en carton.................. 12 fr.

O. MASSELIN, entrepreneur. **Mitoyenneté.** Nouvelle jurisprudence et traité pratique sur les murs mitoyens. — 1re *partie :* Examen et solution des diverses questions se rattachant à la mitoyenneté. — 2° *partie :* Répertoire analytique et alphabétique. — 3° *partie :* Recueil de jurisprudence (Arrêts et Jugements). 1 fort vol. grand in-8°. Prix...................... 10 fr.

— **Album explicatif** du précédent ouvrage, contenant 20 planches et 68 figures. Prix................................ 4 fr.

— **Supplément n° 1**, à la Nouvelle jurisprudence et traité pratique sur les murs mitoyens, en harmonie avec les décisions toutes récentes des cours et tribunaux. Broch. in-8°. — 48 pages. Prix . . . . 2 fr.

Incessamment la publication du supplément n° 2.

O. MASSELIN, entrepreneur de travaux publics, auteur de la série de prix de maçonnerie adoptée par la Chambre syndicale des entrepreneurs de Paris et du département de la Seine. — **Dictionnaire raisonné et Formulaire du Métré et de la vérification des travaux.** Terrasse, maçonnerie, carrelage, etc. 2° édition. Un fort vol. grand in-8 de 526 pages accompagné de 29 planches . . . . 20 fr.

RONDELET. — **Traité théorique et pratique de l'art de bâtir.** 5 volumes grand in-4 de texte, avec atlas in-folio, contenant 210 planches . . . . 125 fr.

— **Supplément au Traité théorique et pratique de l'art de bâtir,** par A. BLOUET. 2 volumes in-4 de texte, avec atlas in-folio de 100 planches . . . . 60 fr.

ROUYER, architecte, inspecteur aux travaux du Louvre, 2° grand prix pour la reconstruction de l'Hôtel de Ville de Paris. — **L'Art architectural** en France, depuis François I°r jusqu'à Louis XVI. — Motifs de décoration intérieure et extérieure, dessinés d'après des modèles exécutés et inédits des principales époques de la Renaissance, avec texte par Alf. DARCEL. Cet ouvrage forme deux magnifiques volumes grand in-4 . . . . 200 fr.

RAGUENET. — **Matériaux et Documents d'architecture et de sculpture,** classés par ordre alphabétique. Six années parues. Chacune des années parues. Prix . . . . 15 fr.

RAMÉE. — **L'Architecture et la Construction pratiques** mises à la portée des gens du monde, des élèves et de tous ceux qui veulent faire bâtir, avec 550 figures dans le texte. 2° édit. 1 vol. petit in-8. Broché . . . . 6 fr.

LIÉNARD. — **Spécimens de la décoration et de l'ornementation** au xix° siècle. En portefeuille . . . . 125 fr.

LOYAU. — **Charpentes en bois.** Album renfermant divers types de combles, pans de bois, échafaudages, ponts provisoires, etc. Atlas in-4, de 120 planches. Prix . . . . 25 fr.

LE BÈGUE. — **Traité des réparations.** Réparations locatives : gros entretien. — Réparations usufruitières : grosses réparations. 1 vol. grand in-8, prix broché . . . . 5 fr.

LEJEUNE. — **Traité pratique de la coupe des pierres,** précédé de toute la partie de la géométrie descriptive qui trouve son application dans la coupe des pierres. 1 vol. de texte in-4 de 600 pages, et 1 atlas in-8 de 59 pl. contenant 381 figures. 40 fr.

des habitations de chaque ordre. — 1re Série : Études sur la distribution des plans et sur l'économie des façades. 3 vol. in-folio. 238 planches et texte. — 2e Série : Détails techniques et esthétiques, boutiques, magasins, etc., décorations extérieures et intérieures. 3 vol. in-folio. 278 planches et texte. — Chacune des deux séries est complète en soi et se vend séparément. En carton . . . . 240 fr.

Architecture privée. — 3e Série : Décorations intérieures, pentes, salons, salles à manger, cabinets, fumoirs, vestibules, etc. 3 vol. in-folio, planches en couleurs . . . . 350 fr.

Motifs historiques d'architecture et de sculpture d'ornement pour la composition et la décoration extérieure des édifices publics et privés. — Choix de fragments empruntés à des monuments français depuis le commencement du XIe siècle jusqu'à la fin du XVIIIe. — Époques : Louis XII, François Ier, Henri II, Henri III, Henri IV, Louis XIII, Louis XIV, Louis XV, Louis XVI. 1re série complète : Détails extérieurs. 2 vol. in-folio. 200 planches en taille-douce. Prix . . . . 300 fr.
— 2e série : Décorations extérieures. — Cheminées, plafonds, trumeaux, portes, encadrements de glaces, escaliers, alcôves, etc. 2 vol. in-folio, publiés en 50 livraisons. — 200 planches gravées, ou en chromolithographie . . . . 300 fr.

L'Architecture funéraire. Spécimen de tombeaux, mausolées, chapelles funéraires, sarcophages, stèles, pierres tombales, croix, etc. 1 vol. in-folio, 120 planches, dont plusieurs en couleurs, avec texte explicatif. En carton . . . . 150 fr.

Les Théâtres et les Châtelet. En collaboration avec M. G. Davioud, contenant une étude approfondie sur la machinerie, le chauffage et la ventilation. 1 vol. in-folio. 64 planches, dont plusieurs en couleurs. Texte descriptif d'environ 50 p. En carton . . 125 fr.

Revue générale de l'architecture et des travaux publics. 30 vol. publiés, formant 3 séries indépendantes, de chacune 10 vol. Prix de chacun des vol. publiés . . . . 10 fr.

FIGUIER (L.). — . . . . Guide pratique de la fabrication du sucre et du coton . . . . pl. 10 pièces, 1 pl.

H. VIOLETTE, ancien chef de l'école polytechnique. — **Guide pratique de la fabrication des vernis** . . . . terre, dessins et complètement refondu. In-18 jésus . . . . 1 vol. rel. 101 p., orné de nombreuses figures dans le texte . . . . 5 fr.

PROFESSIONS INDUSTRIELLES

PAYEN, membre de l'Institut, VIGREUX et PROUTEAUX, ingénieurs civils. — **La fabrication du papier et du carton.** — Historique, progrès réalisés dans la fabrication des succédanés des chiffons. Appareils servant au lavage des chiffons et à la fabrication du papier. Des diverses plantes proposées pour remplacer le chiffon dans la fabrication du papier, etc. Description de procédés nouveaux. 1 vol. de 116 p., accompagné de 5 fig. dans le texte et 6 planches, in-4, avec de nombreuses notes puisées aux meilleures sources...................................... 10 fr.

CHARLES STAMMER, docteur chimiste. — **Fabrication du sucre.** Traité complet théorique et pratique. Guide du fabricant. 1 vol., 718 p, avec 165 figures, nombreux tableaux dans le texte et 3 pl. Cart. à l'anglaise................................. 25 fr.

— **Distillation.** Traité ou manuel complet théorique et pratique de toutes les matières alcooliques : grains, pommes de terre, vins, betteraves, mélasses, etc., contenant la description de tous les principaux appareils connus et en usage dans la pratique. 1 vol. de 432 p., accompagné de 88 fig. dans le texte et de nombreux tableaux, cart. à l'anglaise........................... 25 fr.

Th. CHATEAU, chimiste. — **Guide pratique de la Connaissance et de l'Exploitation des corps gras industriels,** contenant l'histoire des provenances, des modes d'extraction, des propriétés physiques et chimiques, du commerce des corps gras, des altérations et des falsifications dont ils sont l'objet, et des moyens anciens et nouveaux de reconnaître ces sophistications. Ouvrage à l'usage des chimistes, des pharmaciens, des parfumeurs, des fabricants d'huiles, etc. 2e édit. augmentée d'un appendice. 1 vol. rel., 413 pages ou tableaux............. 5 fr.

L.-F. DUBIEF, chimiste œnologue. — **Traité de la fabrication des Liqueurs** françaises et étrangères sans distillation, 4e édition, augmentée de développements plus étendus, de nouvelles recettes pour la fabrication des liqueurs, du kirsch, du rhum, du bitter, la préparation et la bonification des eaux-de-vie et l'imitation de celles de Cognac de différentes provenances, de la fabrication des sirops, etc., etc. 1 vol. rel., 228 pages.. ... 5 fr.

A. PROUTEAUX, ingénieur civil, ancien élève de l'Ecole centrale des arts et manufactures, directeur de fabrique. — **Guide pratique de la Fabrication du papier et du carton.** 1 vol. rel. 273 pages, 7 pl............................... 5 fr.

B. VIOLETTE, ancien élève de l'Ecole polytechnique. — **Guide pratique de la fabrication des vernis,** nouvelle édition, revue, corrigée et complétement refondue, de l'ouvrage de M. Tripier-Devaux, 1 vol. rel., 401 p., avec de nombreuses figures dans le texte. .... 6 fr.

FRÉDÉRIC FOL, chimiste. — **Guide du teinturier.** Manuel complet des connaissances chimiques indispensables à la pratique de la teinture. 1 vol. rel., 430 pages et 90 figures dans le texte. 8 fr.

LENCAUCHEZ. — **Traité de la Tourbe.** Son extraction et son emploi comme combustible industriel; guide pratique de la fabrication des briquettes de tourbe et pour leur utilisation générale en métallurgie, en verrerie, en cristallerie et pour le chauffage au gaz. 1 vol. grand in-8° avec atlas in-4° de 17 planches doubles .... 7 fr. 50

— **Traité des combustibles.** 1 vol. et atlas.......... 16 fr.

BRUNFAUT. — **De l'exploitation des soufres.** 2e édit. fort vol. in-8° fig. et cartes color............................. 15 fr.

— **Etudes** sur les voies de transport en France, 1876. grand in-8° .... 15 fr.

CHALLETON DE BRUGHAT, ingénieur. — **De la tourbe.** Etude sur les combustibles employés dans l'industrie. Nouveau tirage, augmenté d'un appendice. Etudes **sur le coke,** au point de vue de son emploi dans les machines locomotives, procédé de carbonisation du bois suivi en Chine. 1 vol. in-8, 504 p..... 7 fr. 50

— **L'art du briquetier.** — 1 vol. in-8, 356 p. et atlas in-8 de 32 pages doubles.................................. 7 fr. 50

A. LIPOWITZ. — **Traité pratique de la fabrication du ciment de Portland.** Gr. in-8 avec figures et pl....... 5 fr.

BOSC. — **Traité complet de la Tourbe.** 1876, in-8.... 4 fr.

DUCOURNEAU. — **Analyse et perfectionnements nouveaux pour l'emploi des ciments,** 1877, in-8, 6 pl......... 5 fr.

PECLET. — **Traité de la chaleur considérée dans ses applications.** 4e édition publiée par A. Hudelo, répétiteur à l'Ecole centrale. Paris, 1878. 3 vol. gr. in-8 d'ensemble 1833 p., avec 702 fig. dans le texte et 2 pl. — Prix............. 50 fr.

Cette nouvelle édition, entièrement refondue, est augmentée de plus d'un tiers et ne comprend pas moins de 97 figures ou planches nouvelles.

MINÉRALOGIE, MINES ET MÉTALLURGIE

BURAT. — **Minéralogie appliquée,** description des minéraux employés dans les industries métallurgiques et manufacturières, dans les constructions et dans l'ornement. 1 vol. in-8, avec 224 figures intercalées dans le texte....................... 10 fr.

— **Cours d'exploitation des mines,** professé à l'École centrale des arts et manufactures. 1 vol. grand in-8 et un atlas in-folio de 130 planches....................................... 80 fr.

BEUDANT. — **Cours élémentaire de minéralogie et de géologie,** 14ᵉ édition. Paris. 1874. 1 volume in-18, avec 800 figures.. 6 fr.

ALFRED ÉVRARD, ingénieur. **Les Moyens de transport appliqués dans les mines, les usines et les travaux publics.** Organisation et matériel. 2 vol. in-8 et un atlas de 125 planches in-folio de dessins cotés pouvant servir immédiatement à la construction du matériel..................... 100 fr.

S. JORDAN, ingénieur d'usines métallurgiques, professeur à l'École des arts et manufactures, président de la Société des ingénieurs civils. **Album du Cours de métallurgie** professé à l'École centrale des arts et manufactures. 140 planches in-folio, cotées et à l'échelle, et 1 vol. in-8..................... 80 fr.

JULLIEN. — **Traité théorique et pratique de la métallurgie du fer.** 1 vol. in-4 avec atlas de 52 planches... 36 fr.

— **Annexes au Traité de la métallurgie du fer.** 7ᵉ mémoire in-4.. 3 fr.

PERCY. — **Traité complet de métallurgie.** 5 vol. grand in-8 avec de nombreuses gravures..................... 75 fr.

ALBERT DE SELLE, ingénieur civil, professeur à l'École centrale, Membre de la Société géologique de France, de la Société minéralogique de France et de la Société des Ingénieurs civils. **Cours de Minéralogie et de Géologie.** Tome premier. Première partie. — Phénomènes actuels. Deuxième partie. — Minéralogie. 1 fort vol. texte in-8 raisin de 500 pages. — 1 Atlas de 150 planches, Prix broché................................ 25 fr.

A. BARRAULT, FLACHAT et J. PETIET, ingénieurs. — **Traité de la fabrication de la fonte et du fer.** Envisagé sous les trois rapports, chimique, mécanique et commercial. 1ʳᵉ *partie* : Fabrication de la fonte, 2ᵉ *partie* : Fabrication du Fer ; 3ᵉ *partie* : Examen statistique et commercial. 3 vol. in-4 ensemble 1439 p., avec atlas gr. in-folio de 92 pl. dont 6 doubles........ 200 fr.

WALTER DE SAINT-ANGE, ingénieur civil, ancien directeur de hauts-fourneaux, forges et ateliers de construction, etc. — **Métallurgie pratique du fer.** Description méthodique des procédés de fabrication de la fonte et du fer, accompagnée de documents relatifs à l'établissement des usines, à la conduite et au résultat des opérations. 1 vol. in-4, 600 p., accompagné d'un atlas gr. in-folio de 66 pl., dessiné et gravé par M. Leblanc, prof... 125 fr.

PHYSIQUE ET CHIMIE

WURTZ. — Agenda du chimiste, précédé d'une préface. 1 vol.
in-16, cart... 2 fr. 50

BARRESWIL et DAVANNE. — Chimie photographique. 1 vol.
in-8... 8 fr. 50

BOUSSINGAULT, membre de l'Institut. **— Agronomie. Chimie
agricole et Physiologie.** 5 vol. in-8, avec pl. 2ᵉ édit. ; 1860-
1861-1868-1874...................................... 26 fr.

Auguste CAHOURS. **— Traité de chimie générale élémentaire.** Chimie inorganique, *Leçons professées à l'Ecole centrale des
arts et manufactures.* 2 vol. in-18 jésus avec 230 figures et 8 planches ; 1874.. 10 fr.

Chimie organique, *Leçons professées à l'Ecole polytechnique.* 3ᵉ édition. 3 volumes in-18 jésus avec figures ; 1874-1875..... 15 fr.
Chaque volume se vend séparément................. 6 fr.

**GÉRHARDT et CHANCEL. — Précis d'analyse chimique
qualificative.** 1 vol. grand-in-8 avec figures........ 7 fr. 50

— Précis d'analyse chimique quantitative. 1 vol. grand-
in-8 avec figures................................... 7 fr. 50

J. GIRARDIN, recteur honoraire, directeur et professeur de l'Ecole
supérieure des sciences de Rouen, et M. A. DUBREUIL, professeur
d'arboriculture et de viticulture dans les écoles d'agriculture de
l'Etat. **— Traité élémentaire d'agriculture.** 3ᵉ édition,
revue et corrigée. Paris, 1875. 2 vol. in-18 de 1509 pages, avec
955 fig. dans le texte................................. 16 fr.

J. GIRARDIN, recteur honoraire, directeur de l'Ecole supérieure des
sciences de Rouen. **Leçons de chimie appliquée aux arts
industriels**, 5ᵉ édition, entièrement refondue, avec 1,708 figures
dans le texte, publiée en cinq volumes.

Tome I. Métalloïdes.
Tome II. Métaux.
Tome III. Matières alimentaires et boissons fermentées.
Tome IV. Matières textiles et matières tinctoriales.
Tome V. Matières animales et fonctions organiques.
Prix de l'ouvrage complet........................... 48 fr.

**PECLET. — Traité de la chaleur considérée dans ses
applications**, 4ᵉ édition publiée par A. Hudelo, répétiteur à
l'Ecole centrale. Paris. 1878. 3 vol. très-grand in-8 d'ensemble
1833 pages, avec 702 fig. dans le texte et 3 planches.... 50 fr.

Cette nouvelle édition, entièrement refondue, est augmentée de plus d'un
tiers et ne comprend pas moins de 97 figures ou planches nouvelles.

J. JAMIN, professeur de physique à l'Ecole polytechnique. — **Cours de physique de l'Ecole polytechnique.** 4 vol. in-8 avec appendice au tome I.. 42 fr.

PELOUZE et FRÉMY, membres de l'Institut. — **Traité de chimie générale, analytique, industrielle, et agricole.** 3ᵉ édition, entièrement refondue, avec nombreuses figures dans le texte. Prix de l'ouvrage complet. 7 vol. in-8, avec tables.... 120 fr.

— **Notions générales de chimie,** Paris, 1853. 1 beau volume imprimé avec luxe, accompagné d'un atlas de 24 planches en couleur, cartonné.................................... 10 fr.

Louis SER, professeur à l'Ecole centrale des arts et manufactures. **Essai d'une théorie des ventilateurs à force centrifuge.** Détermination de leurs formes et de leurs dimensions. Une brochure gr. in-8, avec fig. intercalées dans le texte. 2 fr. 50

L. TROOST, professeur à la Faculté des sciences. **Traité élémentaire de chimie.** 4ᵉ édition, entièrement refondue. Paris, 1875. 1 volume in-8 de 850 pages, avec 437 figures........... 8 fr.

E. VERDET (Œuvres d'), publiées par les soins de ses élèves. Paris, 1868-1872. 9 vol. grand in-8 raisin, avec figures dans le texte, et imprimé avec luxe par l'Imprimerie nationale......... 90 fr.

WURTZ, membre de l'Institut. — **Leçons élémentaires de chimie moderne.** 3ᵉ édition, revue et augmentée. Paris, 1871. 1 vol. in-12 avec 31 figures dans le texte............. 7 fr. 50

— **Traité élémentaire de chimie médicale,** comprenant quelques notions de toxicologie, et les principales applications de la chimie à la physiologie, à la phathologie, à la pharmacie et à l'hygiène.
I. Chimie inorganique. 2ᵉ édition. Paris, 1868, 1 vol. in-8 avec figures..................................... 8 fr.

— **Dictionnaire de chimie pure et appliquée,** comprenant : la chimie organique et inorganique, la chimie appliquée à l'industrie, à l'agriculture et aux arts, la chimie analytique, la chimie physique et la minéralogie. 5 vol. grand in-8, br., avec figures.. 90 fr.

PAYEN, membre de l'Institut. — **Précis de chimie industrielle,** 6ᵉ édition revue et mise au courant des dernières découvertes scientifiques, par M. Vincent, professeur de chimie industrielle à l'Ecole centrale des arts et manufactures. 2 vol. in-8, avec 356 figures dans le texte et un atlas............... 32 fr.

— **Précis théorique et pratique des substances alimentaires.** 4ᵉ édition. 1 vol. in-8....................... 9 fr.

Henri VIOLETTE, commissaire des poudres et salpêtres, etc., etc., et **P.-J. ARCHAMBAULT**, professeur au Lycée Charlemagne. — **Dictionnaire des analyses chimiques.** Second tirage augmenté de 400 analyses nouv. 2 gros vol. in-8, à 2 col.. 12 fr.

HISTOIRE, GÉOGRAPHIE ET LITTÉRATURE

CANTU. — **Histoire universelle.** 3ᵉ édit. française, trad. de l'Italien par M. Lacombe. 19 vol. in-8............... 114 fr.

Henri MARTIN. — **Histoire de France,** depuis les temps les plus reculés jusqu'en 1789. 17 vol. in-8 cavalier....... 102 fr.

— Le même ouvrage, orné de 51 gravures sur acier..... 118 fr.

— **Histoire de France populaire,** depuis les temps les plus reculés jusqu'à nos jours. L'ouvrage complet, illustré de plus de 1,100 gravures dessinées par Philippoteaux, Bayard, de Neuville, Férat, Thorigny, Rousseau, Clerget, etc., gravées par les meilleurs artistes. 5 vol. grand in-8 jésus................ 40 fr.

A. THIERS. — **Histoire du Consulat et de l'Empire.** 20 vol. in-8 carré, illustrés de 75 belles gravures sur acier, dessinées par Karl Girardet, Sandoz, Charpentier et Massard ; plus un vol. de table générale, analytique et alphabétique. Les 21 volumes brochés.................................... 125 fr.

— **Histoire du Consulat et de l'Empire.** Édition populaire, illustrée de 350 gravures, d'après les dessins de Karl Girardet, Philippoteaux, etc. L'ouvrage complet, 5 vol. grand in-8 jésus. Prix................................... 40 fr.

— **Histoire de la Révolution française.** 13ᵉ édition, ornée de 54 gravures sur acier d'après Raffet, 10 vol. in-8..... 60 fr.

— **Histoire de la Révolution française.** 8 vol. in-18 jésus, format anglais............................. 28 fr.

— Le même ouvrage. 4 vol. gr. in-8 jésus, ornés de 40 magnifiques gravures sur acier, d'après les dessins de Raffet et et Scheffer................................ 40 fr.

— Le même ouvrage, édit. populaire, illustrée de plus de 400 gravures d'après les dessins de Yan' Dargent. L'ouvrage complet, 2 forts vol. grand in-8 jésus.................... 21 fr.

VAULABELLE. — **Histoire des deux Restaurations** jusqu'à l'avènement de Louis-Philippe (de janvier 1813 à octobre 1830); nouvelle édition illustrée de vignettes et portraits sur acier, gravés par les premiers artistes d'après les dessins de Philippoteaux. 10 vol. in-8............................. 60 fr.

Atlas de l'Histoire du Consulat et de l'Empire. 66 cartes ou plans dessinés par Duvotenay et Dufour, sous la direction de M. Thiers, et gravés par Dyonnet. L'Atlas complet.............. 30 fr.

Atlas pour le Consulat et l'Empire. Édit. populaire, 66 cartes ou plans dessinés pour l'intelligence des campagnes de l'Histoire du Consulat et de l'Empire, par M. Thiers. L'Atlas complet. 14 fr.

Atlas de l'Histoire de la Révolution française, par M. Thiers. 32 cartes et plans, dressés spécialement pour cet ouvrage, d'après les documents publiés par le Ministère de la guerre. L'Atlas complet .... 16 fr.

Atlas pour la Révolution française. Édit. populaire. 32 cartes ou plans dressés d'après les documents du Ministère de la guerre, pour l'intelligence des campagnes de l'Histoire de la Révolution française, par M. Thiers. L'Atlas complet, cartonné..... 10 fr.

Th. LAVALLÉE, ancien professeur de géographie à l'École militaire de Saint-Cyr. — **Géographie universelle** de Malte-Brun, entièrement refondue et mise au courant de la science. 6 forts vol. in-8 jésus, imprimés avec soin, à une seule colonne, et illustrés de 64 gravures sur acier..................... 72 fr.

Atlas de géographie militaire, adopté par M. le ministre de la guerre pour l'École spéciale militaire de Saint-Cyr. 43 cartes et plans, revus ou publiés sous la direction de M. E. Bureau, professeur de géographie et de statistique militaire à l'École militaire de Saint-Cyr. Cart. Prix.................. 30 fr.

Atlas universel de géographie ancienne et moderne, pour servir à l'intelligence de la Géographie universelle de Malte-Brun et Th. Lavallée. Atlas composé de 31 cartes in-folio, coloriées avec le plus grand soin, dressées par Ambroise Tardieu et A. Vuillemin. Cartonné................................. 16 fr.

Élisée RECLUS. — **Nouvelle géographie universelle**. Tome I: L'Europe méridionale (Grèce, Turquie, Roumanie, Serbie, Italie, Espagne et Portugal). 1 vol. grand in-8, contenant 75 gravures, 4 cartes en couleur tirées à part et 200 cartes insérées dans le texte, broché... 30 fr.
Tome II : La France. 1 vol. gr. in-8, contenant 1 carte physique de la France, 10 cartes tirées en couleurs, 69 vues et types gravés sur bois et 234 cartes intercalées dans le texte, br..... 30 fr.

    L'ouvrage se composera de 10 à 12 beaux volumes. Le tome III est en cours de publication.

BALZAC. — **Œuvres complètes**. 20 vol. in-8...... 120 fr.

Victor HUGO. — **Œuvres anciennes**. 20 vol. in-8.... 120 »

— **Œuvres nouvelles**. 21 vol. in-8............... 138 »

MUSSET. — **Œuvres complètes** avec illustrations de Bida. 11 vol. in-8...................................... 88 fr.

Édouard CHARTON. — **Le Tour du Monde**, journal de voyages, illustré par nos plus célèbres artistes. 33 vol., contenant plus de 9,000 grav .... 412 fr. 50

MALTE-BRUN fils. — **Géographie**, dernière édition. 8 vol. in-8°, gravures sur acier et coloriées, broché .... 80 fr.
     —   —   relié demi-chagrin..... 108 »

REPRODUCTIONS
DE DESSINS ET FUSAINS DE DIVERS AUTEURS
PAR LA PANTOTYPIE

ALLONGÉ. — Collection de 30 paysages au fusain reproduits par la pantotypie, Thiel Aîné et Cᵉ, 4 premières médailles. Prix...................................... 100 fr.

Les épreuves sont collées sur beau bristol in-plano raisin, renfermées dans un carton.

— *Du même* : Collection de 18 fac-simile sur format jésus. — Prix, en carton................................. 90 fr.

Ces fac-simile des plus belles compositions de M. Allongé sont reproduits avec une telle exactitude par le nouveau procédé de MM. Thiel et Cᵉ, qu'on y retrouve jusqu'à des demi-teintes ainsi que le grain du papier et tous les moindres détails dont l'ensemble forme la manière personnelle de l'auteur.

COLLECTION SMITH. — 47 paysages au fusain. La Collection Smith est du format demi-jésus. — Les épreuves sont collées sur bristol bleuté. — Prix, en carton.................... 100 fr.

— Les Crayons de Smith reproduits par le même procédé. Collection de 20 planches in-4 jésus. Prix, en carton.... 20 fr.

E. HORSCHELT. — Collection de 4 fusains : 1° Souvenirs de la guerre du Caucase; 2° Un Village incendié; 3° Le Passage du gué; 4° Dans la Montagne. Prix...................... 20 fr.

SAINT-FRANÇOIS. — Collection de 9 fusains : 1° Scène de l'Atlas; 2° Paysage d'hiver, Renard; 3° Eléphant dans les Jungles; 4° Forêt vierge; 5° La Fierre; 6° Bords du Nil à Philœ; 7° Rue au Caire; 8° l'Incendiaire; 9° Crépuscule en Afrique. Prix. 40 fr.

APPIAN. — Collection de 3 fusains : 1° Rochers au bord d'un lac; 2° Bords du lac d'Arando; 3° Environs de Monaco. Prix...................................... 15 fr.

DUPUIS. — 2 fusains : 1° Pendant l'orage; 2° Après l'orage. Prix.. 10 fr.

BERTHELEMY. — 1° Bateau de pêche; 2° Brick échoué à la côte. Prix.. 10 fr.

LE SECQ, artiste peintre. — **Monographie de la cathédrale de Reims,** annotée par l'abbé Cerf, chanoine honoraire de cette cathédrale, composée de 30 belles planches in plano raisin des principaux détails d'Architecture et de Sculpture. Prix en carton.. 60 fr.

Cette Collection offre le plus grand intérêt, les morceaux d'architecture sont très-bien choisis, et l'auteur a été bien inspiré en cherchant à vulgariser cette étonnante sculpture du moyen âge, si peu connue, et dont les plus beaux spécimens, qui sont des chefs-d'œuvre, peuvent lutter avec ceux de l'antiquité.

— Études de premiers Plans, d'après nature. — 25 belles planches in-plano raisin pour servir de renseignements aux peintres paysagistes, dessinateurs, etc. Prix en carton...... 50 fr.

On voit que ces photographies ont été faites par un artiste qui a su prendre la nature sous ses plus beaux aspects; aussi toutes ces vues ont-elles tont le charme et toute la douceur des dessins les mieux réussis.

Les Grands Monuments de Paris. Format : $0^m 30 \times 0^m 40$, emmargés sur raisin. La collection se composera de 60 planches, qui paraîtront par série de 20 planches.

VIENT DE PARAITRE :

La première série :

Notre-Dame de Paris (côté droit. Rosace).	Opéra (façade).
Notre-Dame de Paris (abside).	Bois de Boulogne (lac).
Pont de Solférino.	La Trinité.
Place de la Concorde.	Fontaine de Médicis (ensemble).
Parc Monceaux.	Théâtre de la Renaissance.
Fontaine de Médicis (détail).	Bois de Boulogne (cascade).
La Madeleine. (2 P.)	Eglise Saint-Vincent-de-Paul. (2 P.)
Porte Saint-Martin.	Eglise Saint-Laurent.
Eglise Saint-Augustin.	Parc Monceaux.

Prix en carton..................... 40 fr.

Par la *Pantotypie*, le plus humble des collectionneurs pourra prétendre désormais à ces dessins de maître, à ces fusains modernes, si variés et si merveilleux dans leurs inimitables effets, mais d'un prix inabordable pour la plupart des amateurs. Tout s'y retrouve, en effet, jusqu'à ces demi-teintes que la photographie seule pouvait obtenir, jusqu'au grain du papier, jusqu'à ces moindres détails dont l'ensemble forme la manière personnelle de tel ou tel artiste.

La librairie se charge de fournir tous les ouvrages scientifiques au même prix que les éditeurs de Paris et de l'étranger ; l'expédition sera faite franco contre un mandat sur la poste.

AVIS IMPORTANT

MM. les ingénieurs qui voudront recevoir régulièrement mes Catalogues et être tenus au courant des publications nouvelles qui paraissent, sont priés de vouloir bien m'en informer et de m'aviser des changements d'adresse afin de n'éprouver aucun retard dans ce service qui sera fait très exactement.

Paris. — Typ. PILLET et DUMOULIN, rue des Grands-Augustins, 5.

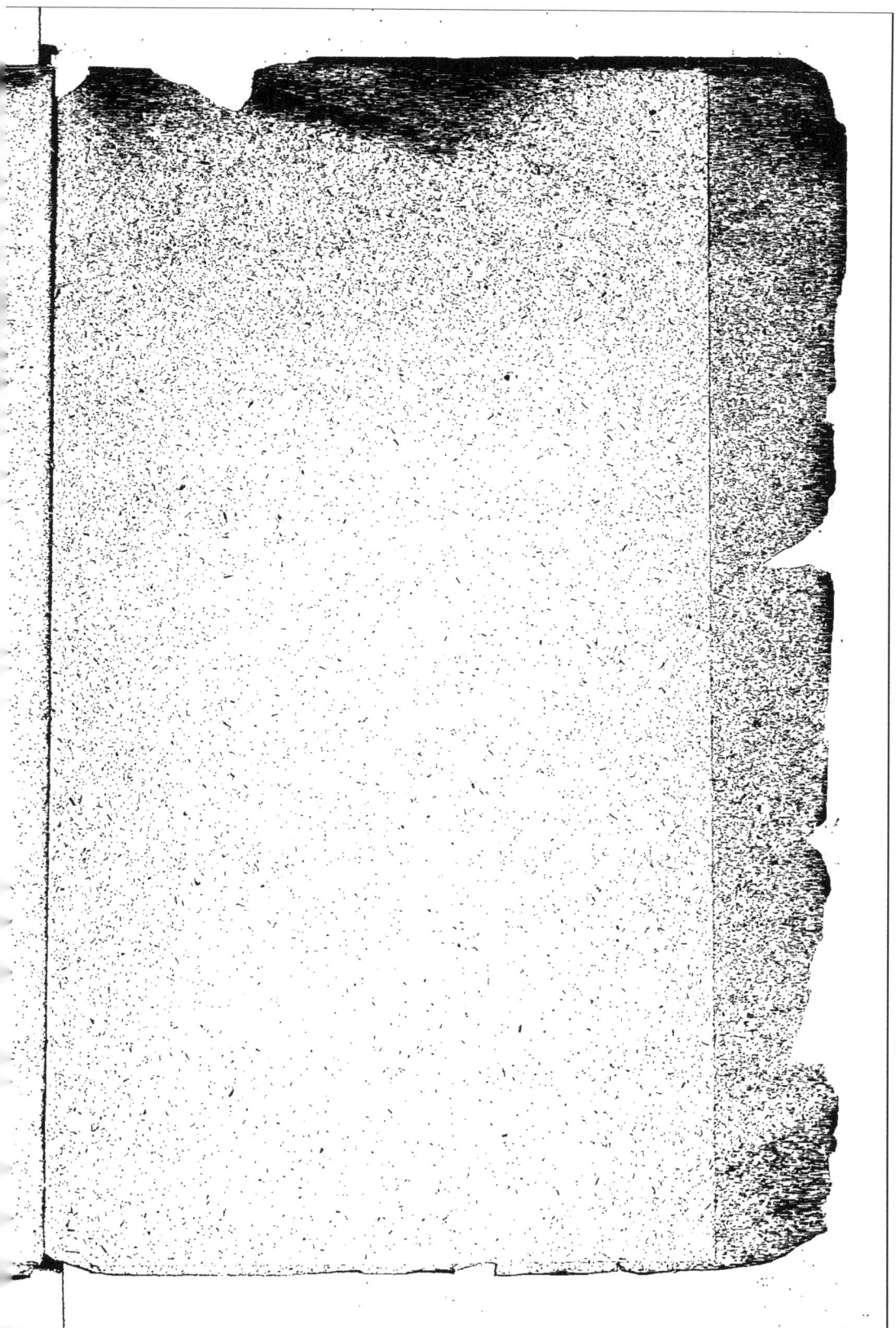